Bonjour,

Okzitanien? Für viele noch ein ungewohnter Begriff. Wo liegt das genau? Im Süden Frankreichs, westlich der Rhône. 2016 erfolgte der Zusammenschluss von Languedoc-Roussillon und Midi-Pyrénées zur Großregion Occitanie. Einen Großteil von Okzitanien beschreiben wir in diesem DuMont Bildatlas.

DER ANDERE SÜDEN

Mancherorts im südlichen Okzitanien wähnt man sich in der Provence. Olivenhaine, Weinberge und immer wieder Platanenalleen. Aber nach Norden hin wird das Land rauer, insbesondere in den Cevennen, wo man nur noch wenigen Menschen begegnet. Viele Auswanderer und Aussteiger haben sich im „anderen Süden" niedergelassen. Zu ihnen gehörte die Schriftstellerin Birgit Vanderbeke, die unser Autor, Klaus Simon, kurz vor ihrem Tod in Uzès traf. Sie verriet ihm, was sie an ihrer südfranzösischen Wahlheimat besonders schätzte (s. S. 46 ff).

ÜBERNACHTEN BEIM WINZER

Auch zahlreiche deutsche Winzer haben die Pfalz oder Mosel gegen das Roussillon eingetauscht und produzieren hier hervorragende Weine (S. 93). Welchen Wein aus dem Roussillon Klaus Simon besonders schätzt, verrät er auf S. 121. Aber er hält noch einen anderen Tipp parat: Übernachten beim Winzer (S. 118). Bei meinem letzten Südfrankreichtrip habe ich drei Adressen ausprobiert, eine besser als die andere. Ich war vor allem von der Gastfreundschaft der Winzerfamilien begeistert und wünsche Ihnen ebenso gute Erfahrungen!

Herzlich

Ihre

Birgit Borowski

Birgit Borowski
Redaktion DuMont Bildatlas

Zwei große Freunde Frankreichs und des französischen Savoir vivre: Autor Klaus Simon aus Köln (oben, unterwegs auf dem Stevenson Wanderweg, S. 24) und Fotograf Markus Kirchgessner aus Frankfurt (rechts).

102
Der Pont St-Pierre führt in Toulouse über die Garonne

88
Wanderung vom Hochgebirgssee Lac de Bouillouses zum Pic Carlit

38
Produkte des Südens im Restaurant „La Table d'Uzès"

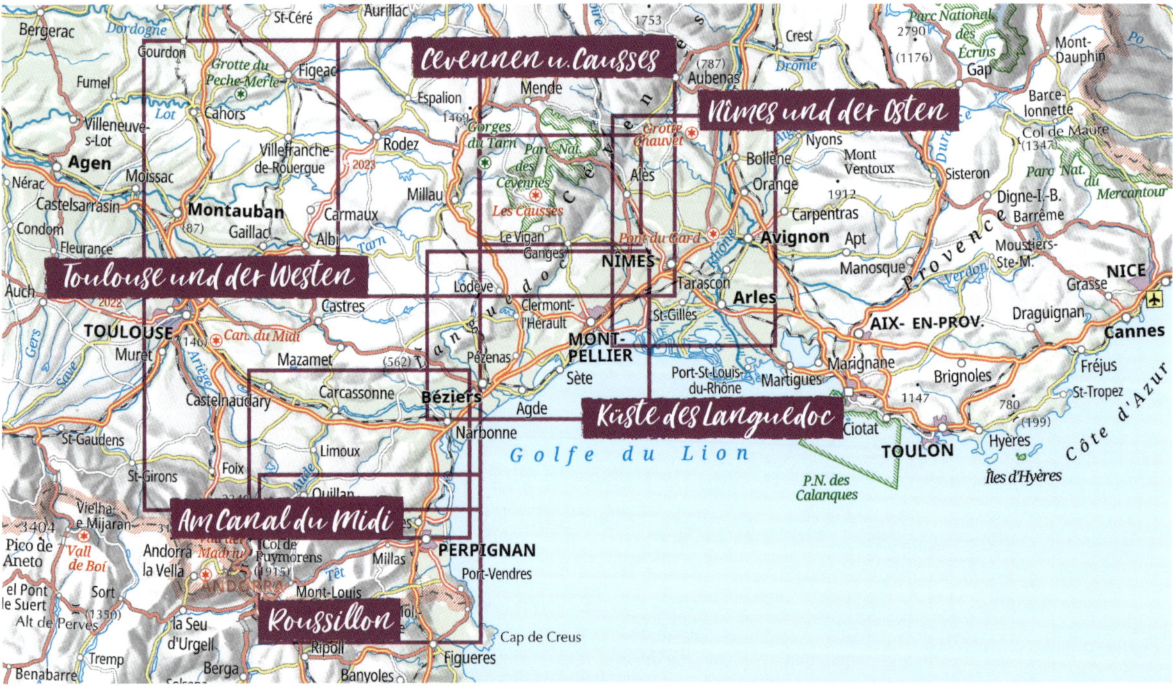

Das Beste erleben

Berührend, aufregend und spannend …
sind unsere Ideen, die wir für Ihren Aufenthalt
in Okzitanien zusammengetragen haben.

Große Kunst

1

MUSÉE SOULAGES

500 Werke des wohl bedeutendsten zeitgenössischen Künstlers Frankreichs, in Rodez eingefasst in einen skulpturalen Museumsbau.
Seite 35

2

PONT DU GARD

Das bekannteste antike Denkmal Frankreichs ist eine Wasserleitung monumentalen Ausmaßes.
Seite 51

3

BASILIKA ST-SERNIN IN TOULOUSE

Ein Schlüsselbau der südwestfranzösischen Romanik. Tympanon und Kapitelle sind reich gestaltet, die Fresken eine Augenweide.
Seite 113

4

ALTSTADT VON ALBI

Das backsteinrote Ensemble aus Kathedrale, Palais und Pont Vieux über den Tarn gehört zum Weltkulturerbe.
Seite 114

Kulinarische Genüsse

5

ÉTANG DE THAU

Die Salzwasserlagune ist das größte Austern- und Muschelzuchtbecken Okzitaniens. Überall laden Stände zum Probieren ein.
Seite 68

6

FÊTE DU CASSOULET

Zum Fest des deftigen Eintopfs strömen tausende Cassouletverzehrer nach Castelnaudary.
Seite 82

Großartiges Erleben

• 7 •

FÉRIA VON NÎMES

Stell Dir vor, es ist Corrida in den Arenen, und ganz Nîmes wird zur Bodega.

Seite 52

• 8 •

MARCHÉ DU LEZ

Montpelliers hippe urbane Spielwiese lockt mit Food Trucks, Fashion Trucks, Brocante für mid-century Design und Boulodrome.

Seite 58

• 9 •

PROCESSION DE LA SANCH

Zur Karfreitagsprozession in Perpignan legen die Mitglieder der La-Sanch-Bruderschaft ein wallendes Gewand samt spitzer Haube an.

Seite 99

Frischer Schwung

• 10 •

CHEMIN STEVENSON

Ob mit oder ohne Esel: Auf diesem Wanderweg gehört Robert Louis Stevensons „Reise mit dem Esel durch die Cevennen" ins Gepäck.

Seite 36

• 11 •

MONT CANIGOU

Der heilige Berg der Katalanen ist nicht der höchste Gipfel der Pyrenäen. Aber wer ihn besteigt, schaut mit etwas Glück bis zur Costa Brava.

Seite 100

DER SÜDEN LEUCHTET IN WARMEN FARBEN

So wie in Albi (Foto) ist Ziegelsteinrot die Farbe von Toulouse oder Montauban, von Perpignan oder Gaillac. Stadtbilder sind makellos erhalten, Landschaften so unberührt wie selten in Europa. Seit den Kreuzzügen gegen die Katharer im 13. Jahrhundert blieb der Midi (Frankreichs Süden) von größeren Zerstörungen und – abgesehen von einigen Küstenorten – auch von dichter Besiedlung verschont.

ES KANN SPÄT WERDEN IN MONTPELLIER

Wie in der Rue Rebuffy reiht sich Terrasse an Terrasse. Die vielen Studenten aus ganz Frankreich und der ganzen Welt sorgen dafür, dass es in der Universitätsstadt brummt. Weiter südlich bestimmen die Nähe zu Spanien und ein gehöriger Schuss Movidà das Leben. Dorfplätze sind belebt, Cafés werden zum Nabel des Lebens. Und in Bistros kann man noch zu vorgerückter Stunde bestellen.

HAPPY
HOURS
BABY

ON Y VA – WEITER GEHT´S

Wie in hier in Narbonne bestimmen Boutiquen für regionale Feinkost, für typisches Handwerk und flottes Design die Einkaufsstraßen. Auch außerhalb der Ladenöffnungszeiten bleiben die Innenstädte lebendig und damit attraktiv für Einheimische und flanierende Besucher. Bistros, Brasserien, Bars laden zum Stopp beim Bummeln ein.

Ferme Narbonnaise

BLICK VOM GIPFEL

Geschafft! Nach hartem Aufstieg überfliegt der Blick vom Canigou die raue Silhouette der Pyrenäen. Es geht aber auch eine Nummer kleiner. Wanderungen über die Causses, Surfen an der Küste, Radtouren durch die Garrigue des Gard, Kanufahren auf der Ardèche oder eine Hausboottour auf dem Canal du Midi sind praktizierbare Alternativen zur Hochgebirgstour.

REICH GEDECKTER TISCH

Wie in Palavas-les-Flots bestimmen Fisch, Schalen- und Krustentiere das kulinarische Angebot in den Häfen. Auch abseits der Küste ist die Bandbreite überwältigend – ob mit Wurst und Schinken aus den Cevennen, Cassoulet vom Canal du Midi, Gemüse aus dem Gard, Rind vom Aubrac, Schafskäse von den Causses, Obst aus dem Roussillon. Das Terroir macht den Teller. Und im Glas funkelt der passende Wein.

MAQUEREAU
Origine
1kg
Produit : MERLU
merluccius merluccius
mediterranee

GESCHICHTE AUF SCHRITT UND TRITT

Die katalonischen Fischerboote im Hafen von Collioure gehören ebenso zum historischen Erbe des Roussillon wie die auf das 13. Jahrhundert zurückgehende Burg. Geschichte allerorten, auch das ist Okzitanien.

Die schönsten Bastiden

MEHR WIEDERAUFBAU WAR IM MITTELALTER NIE

Als Mitte des 13. Jahrhunderts die Kreuzzügler die letzten Albigenser oder Katharer ausgemerzt hatten, war der Südwesten Frankreichs entvölkert. Mit den Bastiden, neu nach einem einheitlichen Plan gegründeten Städten und Dörfern, begann der Wiederaufbau. Das Herz der Orte ist immer der von Arkaden umgebene (Markt-)Platz. Ringsherum verlaufen die Gassen im Schachbrettmuster.

1

SAUVETERRE-DE-ROUERGUE

Eines der „schönsten Dörfer Frankreichs“ wurde als Bastide royale auf königlichen Befehl gegründet. Das Ensemble aus Stadttoren, Gräben, Türmen und Fachwerkfassaden ist eine Augenweide. Alle Wege führen zum zentralen Platz. Im Halbdunkel unter den wuchtigen Bögen scheint die Zeit ein paar Takte langsamer zu gehen. So zeigt sich Okzitanien von einer seiner schönsten Seiten. Exportartikel sind Messer, die schon im 15. Jahrhundert bis in die Schweiz verkauft wurden. Heute haben die von den traditionellen Messern der Schäfer inspirierten Couteaux de Sauveterre Kultstatus.

Mairie, Place des Arcades, F-12800 Sauveterre-de-Rouergue, www.sauveterre-de-rouergue.fr

CORDES-SUR-CIEL

Das „beliebteste Dorf Frankreichs 2014“ – so steht es auf dem Ortsschild – ist eine der frühesten Bastiden, gegründet 1222. Und eine der schönsten. Von früherem Wohlstand künden Markthalle, Gassen, Belvedere und gotische Palais. Reich ist Cordes-sur-Ciel heute auch an Besuchern – die Bastide ist ein Must see im okzitanischen Hinterland. Was in der Hauptsaison zu Gedrängel in der Hauptgasse führen kann. „In Cordes ist alles schön, selbst das Bedauern“, schrieb Albert Camus vor über sechzig Jahren. Stimmt.

Office de Tourisme, Maison Gaugiran, 38–42, Grand Rue Raimond VII, F-81170 Cordes-sur-Ciel, www.la-toscane-occitane.com/villes-villages/cordes-sur-ciel

3

CASTELNAU-DE-MONT-MIRAIL

Auch diese tausend Seelen-Bastide gehört zum Kreis der „schönsten Dörfer Frankreichs". Auch hier verlaufen die Gassen im Schachbrettmuster. Fachwerk kragt aus. Wieder ist das Herz ein Marktplatz. Wieder wiegen die gotischen Arkaden schwer. Durch einen der Steinbögen geht es ins „Hôtel des Consuls", die einzige Übernachtungsmöglichkeit. Abends bleibt das Portal offen, und die Stille ist fast mit den Händen greifbar.

Office de Tourisme, Place aux Arcades, F-81140 Castelnau-de-Montmirail, www.la-toscane-occitane.com/villes-villages/castelnau-de-montmiral

L'ISLE-SUR-TARN

Mit fast 4500 Quadratmetern hält der Hauptplatz den Rekord unter den dörflichen Bastiden. Mitten drauf thront Le Griffoul, ein Brunnen mit kreisrunder Wasserschale, deren Durchmesser stolze acht Meter beträgt. Wohlstand brachte der Bastide der Weinhandel. Von hier wurden die Weine des Gaillac Richtung Bordeaux verschifft. Fini – die Tage der Bastide-port sind lange vorbei. Geblieben ist die Rue du Port, die Hafenstraße. Und geblieben sind die auskragenden Fachwerkhäuser, die den Ort zum beliebten Ausflugsziel machen.

Office de Tourisme, Place Paul Saissac, F-81310 L'isle-sur-Tarn, www.la-toscane-occitane.com/villes-villages/lisle-sur-tarn

NAJAC

Die Lage über der Aveyron-Schlucht ist atemberaubend. Jedes Haus längs der Dorfstraße, die sich wie ein Drache über einen schmalen Steinkamm wellt, bietet Geschichte. Am höchsten Punkt thront die Burg: Der wehrhafte Bau galt den Grafen von Toulouse als „Schlüssel zum Midi". Zwischen Abhang und Burg fand sich 1258 immerhin noch Platz für das wie ein Riegel auf den Fels gesetzte Langhaus von Saint-Jean. Der gotische Bau, erster dieses Stils im Rouergue, wurde von den Einwohnern als königlich verfügter Preis für ihre Sympathien zu den Katharern trotz knapper Kassen finanziert.

Office de Tourisme, Place du Faubourg, F-12270 Najac, https://de.bastides-gorges-aveyron.fr/sejourner/office-de-tourisme/najac

MIREPOIX

Eine Bastide wie aus dem Bilderbuch, mit reich verzierten Fachwerkfassaden und altersgebeugten Eichenpfeilern am Hauptplatz – auf dem montags Wochenmarkt abgehalten wird. Das Städtchen am Hers entstand 1290, nachdem das alte, katharerfreundliche Mirepoix am anderen Ufer des Flusses von den Albigenserkreuzzüglern niedergebrannt worden war. Stolzester Bau ist die Maison des Consuls mit in Holz geschnitzten Köpfen und Monstern an der Fassade. Von der Stadtmauer blieb nur die gotische Porte d'Aval. Wuchtig ist die ehemalige, auf das 13. Jahrhundert zurückgehende Cathédrale Saint-Maurice. Und zur Klärung: Die Mirepoix ist eine Art Zwiebelsuppe mit Karotten und Sellerie und die lokale Spezialität schlechthin.

Office de Tourisme, Place Maréchal Leclerc, F-09500 Mirepoix, www.pyreneescathares.com

Cevennen und Causses

UNGEZÄHMTES OKZITANIEN

Cevennen, Causses, Cirques – drei große C's stehen für Landschaften von großer Schönheit, für menschenleere Weite, für ein raues Klima, das die Klischees vom Süden Lüge straft. Über Jahrhunderte war der Nordosten Zufluchtsort von religiös und politisch Verfolgten. Heute gefallen sich Aussteiger in der Einsamkeit – und Wolf, Bison, Geier sowieso.

Zum Viehauftrieb werden die Tiere auf dem zentralen Platz zusammengetrieben: Saint-Chély-d'Aubrac

Der Neorenaissancebau des Hotels „Château d'Orfeuillette" entstand bis 1875 aus einem Jagdschlösschen

Wochenmarkt in Le Pont-de-Montvert: Honig ist ein vielgeschätztes Cevennenprodukt

Autor Klaus Simon auf dem Stevenson-Wanderweg, der in Le Pont-de-Montvert das Flüsschen Tarn überquert

Modestine war ein Biest. Unzuverlässig, halsstarrig. Robert Louis Stevenson hat sie trotzdem geliebt. Allerdings erst, als er die Wanderabschnittsgefährtin wieder los war: „Zwölf Tage lang waren wir intime Gefährten: Wir hatten über 120 Meilen zurückgelegt ... Ich hatte Modestine verloren ... Adieu, und sei's für immer ...". Die Wahrheit: Die Reise mit Modestine vom 22. September bis zum 3. Oktober 1878 war die Hölle. Wenn Stevenson Strecke machen wollte, brauchte Modestine ein Schläfchen. Wollte er nach rechts, ging sie nach links. Er schlug die Eselin, und nicht zu knapp. Arme Modestine.

VOR DEM START EIN GLAS

Begonnen hatte alles im Suff. Nachdem sich der achtundzwanzigjährige Schotte für die bevorstehende Expedition eingedeckt hatte, stieß er in Le Monastier-sur-Gazeille auf Modestine. Für Stevenson war es Liebe auf den ersten Blick: „Die nüchtern vornehme Art, die Eleganz dieser Schwerenöterin fingen mich auf der Stelle ein." Modestine aber war in festen Händen. Dank ein paar Glas Schnaps sowie gegen eine Ablösesumme wurde sich der Schriftsteller mit Gevatter Adam handelseinig. Und die mausgraue Eselin wechselte den Besitzer.

EIN WANDERBUCHKLASSIKER

Der Rest ist Literaturgeschichte. Stevenson verfasste über die Bezwingung der Cevennen einen Reisebuchklassiker: „Travels with a Donkey in the Cevennes". Berühmt wurde er erst später mit der „Schatzinsel" und „Dr. Jekyll und Mr. Hyde".

Eineinhalb Jahrhunderte später folgt der Chemin Stevenson, vulgo GR 70, dem Weg des Schriftstellers. Mit dem Buch des Schotten im Gepäck machen sich Wanderer auf den Weg – mit oder ohne Esel. Den kann man sich auf Michael Schumms Hof in Castagnols ausleihen. Und bekommt vor Beginn der Tour ein paar wichtige Tipps. Unter anderem: Esel, so erklärt der Schweizer mit langjähriger Erfahrung in der Eselhaltung, haben ein sehr feines Gehör. Um sie morgens zum Bepacken anzulocken, reicht es, Futterkörner in einer Dose zu schütteln. Prompt kommt das Grautier mit kerzengerade aufgerichteten Langohren angelaufen.

WOLF ODER MENSCH?

Das ist im Gévaudan die Frage. Auch über 250 Jahre nach dem Ende einer Mordserie mit 92 Opfern bleibt die Antwort nach der Identität des Täters aus. Wen aber wollte man auch fragen? Mit 15 Einwohnern pro Quadratkilometer ist die Lozère das am dünnsten besiedelte Département Frankreichs. Diejenigen, die dort Auskunft geben könnten, wo das Töten trotz Treibjagden und hoher Belohnung für die Erlegung des Täters ungehindert seinen Lauf nahm, sind selten.

Das Rätselhafte ist der Legende freilich zuträglich. Bis heute kennt jedes Kind in Frankreich die „Bestie des Gévaudan". Genau das möchte Christophe Brunel vermarkten. Der Spross einer alteingesessenen Hoteliersfamilie hat im Schlosshotel „Château d'Orfeuillette" eine nach historischen Stichen angefertigte Kunstharzplastik der Bestie platziert.

Seit den 1980er-Jahren lässt Wolfsgeheul ambivalente Empfindungen aufleben: Parc des Loups du Gévaudan

Musée Soulages in Rodez: Pierre Soulages schwarz-monochrome Kunst will nichts abbilden, sondern Werke schaffen, die für sich selbst stehen

Es ist ein Wolf, kein Zweifel, wenn auch ein furchterregend großer.

EINE GEGEND ZUM GUTE NACHT SAGEN

Es ist kurz vor halb fünf, ein weißer Pickup rumpelt die Forststraße im Val de l'Enfer hoch und hält am Zaun. Helfer wuchten Kübel mit Schlachtabfällen ins Gehege. Schon kommt Bewegung in das mehrere Dutzend Köpfe zählende Rudel sibirischer Wölfe. Schon schleichen sich die Tiere an den Futterberg heran. Das große Knochenbrechen, Innereien verschlingen, Fleischbrocken zerreißen kann vor den Augen der Besucher, die durch Plexiglasfenster im Zaun dem Spektakel zuschauen, beginnen.

Der Wolfspark „Les Loups du Gévaudan“ ist nicht die einzige Erfolgsgeschichte der Lozère als Reservat bedrohter Arten. Südlich von Le Malzieu-Ville lümmeln sich Bisons im schütteren Lärchenwald. Besucher werden im Pferdewagen über das Gelände der „Réserve des Bisons d'Europe“ geschaukelt. Für das Museum des Bisonreservats wurde „Postum“ ausgestopft, der Bulle, der 1991 als Geschenk von Lech Wałęsa an François Mitterrand in die Lozère gelangte und Urvater der heutigen Herde ist.

UNTER GEIERN

1940 wurden die letzten Gänsegeier über der Gorges de la Jonte gesichtet, erzählt Constant Bagnolini.

Viehauftrieb in Saint-Chély-d'Aubrac: Heute werden die Tiere auf die Hochweiden gebracht (links). Seit einigen Jahren ist „La Singulière" die Maison d'hôtes von Séverac d'Aveyron (rechts)

Eines der „schönsten Dörfer Frankreichs": St-Côme d'Olt am Fluss Lot, acht Jahrhunderte hinter alten Befestigungen

Der Ornithologe von der „Maison des Vautours" ist stolz darauf, dass das geierlose Intermezzo nur vier Jahrzehnte währte. An der über der Felskante der Schlucht schwebenden Geierbeobachtungsstation richtet Constant Bagnolini das Fernglas auf die in Felsspalten und auf Felsnadeln gebauten Geierhorste. Aus einem halben Dutzend aus Spanien 1981 wiedereingeführten Gänsegeiern ist eine Population von 650 Paaren erwachsen. Hinzukommen knapp 300 Paare Mönchsgeier, zwei Paare Schmutzgeier und zuletzt ein aus dem Münsteraner Allwetterzoo übergesiedeltes Bartgeierpaar, das als Knochenfresser die Palette der aasfressenden Greifvögel abrundet.

VIEL RAUM FÜR WENIGE

„Wir sind nur wenige im Aveyron", erklärt Sophie de Mestier beim Aperitif im Garten der Maison d'hôtes „La Singulière". Die Modestylistin hat Paris den Rücken gekehrt, um mit ihrem Mann Hervé ein altes Bruchsteingemäuer zum Gästehaus umzubauen, das nun die Handschrift der weit gereisten Besitzer trägt. Nicht ganz 276 000 Menschen verlieren sich im flächenmäßig fünftgrößten Département Frankreichs. Rodez, die Hauptstadt, zählt vergleichsweise bescheidene 24 000 Einwohner, die Unterpräfektur Millau lediglich halb soviel. Sophie, in poppiger Pucci-Bluse und lässigen altrosa Wildlederslippern, lächelt: „Wer hierher zieht, entscheidet sich."

Auf dem Hochplateau der Causses du Larzac gelegen, erzählt La Couvertoirade Geschichten aus mehr als acht Jahrhunderten. Zu einer gehört die Auberge, die ihre Gäste mit Regionalem verwöhnt

La Couvertoirade prägt ein mittelalterlich anmutendes Ortsbild mit mancher Erinnerung an Templerzeiten (oben). Unterwegs am Mont Lozère (rechts)

Lozère bei La Malène: Eine Kahnfahrt ist ideal, um die Gorges du Tarn zu erkunden

Roquefort-sur-Soulzon: „Roquefort Société" gilt als Marktführer – hier der Reifekeller

PROTESTANTEN IN DER WÜSTE

1685 begann für die französischen Protestanten „Le Désert": Die Wüste meint das nach der Aufhebung des Edikts von Nantes 1685 beginnende Exil in den Cevennen. Es endete erst 1787.

Wer durch die Cevennen reist, mag sich über die vielen kleinen Friedhöfe auf privatem Land wundern. Seit Jahrhunderten werden die Toten hier auf dem eigenen Grund und Boden begraben. Denn die Cevennen sind Protestantenland. Die Protestanten aber galten als Abtrünnige, denen das Recht verweigert wurde, auf dem (katholischen) Friedhof beigesetzt zu werden. Daher die Grabsteine in den Gärten.

Die Verfolgung setzte 1685 mit der Aufhebung des Toleranzedikts von Nantes durch Ludwig XIV. ein. Protestanten erhielten Berufsverbote. Über 400 Tempel – so heißen protestantische Kirchen in Frankreich noch heute – wurden zerstört. Wer nicht auswanderte, versteckte sich in abgelegenen Bergwinkeln, allen voran den Cevennen, die eine Hochburg des Protestantismus blieben.

In Gedenken an die „Wüste" versammeln sich am ersten Sonntag im September bis zu 15 000 hugenottische Glaubensgeschwister vor dem Musée du Désert bei Mialet in den Südcevennen. Hier wird die Leidensgeschichte französischer Protestanten dargestellt. Die Männer kamen als Sträflinge auf die Galeere. Frauen endeten im Kerker von Aigues-Mortes, so wie Marie Durand, die dort wegen ihres Glaubens 38 Jahre einsaß.

Es ist eine Entscheidung, die eine wachsende Zahl von Aussteigern unterschiedlichster Herkunft fällt. Neben Franzosen kommen Briten, Amerikaner, darunter viele Freiberufler, Künstler, Kreative. Sie alle lockt ein Stück Frankreich von fast uneuropäischer Weite. Selten ist die französische Provinz zudem so voller Kontraste. Im Norden machen sich die Ausläufer des ruppigen Zentralmassivs wichtig und sorgen für Schneefälle bis tief in den Mai. Im Süden lullt heißes Mittelmeerklima das Leben im trägen Takt des Midi ein.

GANZ GROSSES LANDSCHAFTSKINO

Wirklich einsam wird es auf den wegen ihrer traditionellen Weidewirtschaft von der UNESCO zum Weltkulturerbe erklärten und unter dem Schutz eines Naturparks stehenden Causses. Auf einigen Hochebenen kommen gerade einmal zwei Einwohner auf hiesige Quadratkilometer, die erst seit dem Bau der Autobahn 75 etwas leichter zu erreichen sind.

Südlich von Millau schraubt sich die Autobahn aus der Küstenebene des Languedoc hoch auf den Larzac. Auf dem Karstplateau weitet sich die Landschaft im Cinemascopeformat. Wo die Tarn-Schlucht den Causse du Larzac vom Causse Noir trennt, präsentiert sich am Horizont ein Spalier eleganter Pylone. An ihnen aufgehängt schießt die Fahrbahn in den Himmel. Gut 300 Meter unter dem von Sir Norman Foster entworfenen Viaduc de Millau windet sich der Tarn ungehalten in seinem Bett. Nächste Ausfahrt: die ganz große Stille.

Blick von La Baume-Auriol auf den Cirque de Navacelles,
den tief in das Karstland gefrästen Flusslauf der Vis

WO FRANKEICH ALTERNATIV WURDE

Fahlgelbes Gras zittert im Wind. Hügel rollen bis zum Horizont. Kein Kirchturm, kein Hof, kein Baum gibt dem Blick Halt. Nur Buchsbäume und von Wind und Wetter glattgescheuerte Felskegel verlieren sich in der Mondlandschaft des Larzac. Und ein paar Hunderttausend Schafe, aus deren Milch in den Höhlen von Roquefort würziger Blauschimmelkäse hergestellt wird.

Seit Anfang des 19. Jahrhunderts unterhält die französische Armee eine Militärbasis in der Einöde. Als der Stützpunkt 1970 vergrößert werden sollte und dafür über hundert Bauern enteignet wurden, kam es zum Schulterschluss der von der 1968er-Revolte enttäuschten Linken und aufgebrachten Schäfern. Eine alternative Form des Aufstands wurde geprobt. Aktionen wie „Traktoren nach Paris“ oder „Schafe unter dem Arc de Triomphe“ trugen die Rebellion bis in die Hauptstadt. Schluss war damit erst 1981. François Mitterrand löste sein Wahlversprechen ein und legte die Pläne auf Eis.

»WAS ICH AM MEISTEN LIEBE, SIND DIE MENSCHENLEEREN EBENEN DER CAUSSES UND DES AUBRAC ...«

Pierre Soulages, bedeutendster französischer Künstler der Gegenwart

Die Brücke des weltbekannten Architekten Sir Norman Foster: Viaduc de Millau (links). Der Süden ist ein dankbares Pflaster für liebenswerte Sonderlinge und Weltverbesserer (rechts).

TIEFER SCHRAUBT SICH KEIN FLUSS

Vom Aussichtspunkt in La Baume-Auriol stürzt der Blick 300 Meter in die Tiefe des Cirque de Navacelles. In die Sohle des Felskessels duckt sich ein Dorf mit einer Handvoll Einwohnern. Leise rauscht ein Fluss. Es ist die Vis, die das Naturwunder aus dem Kalkfels fräste. Wen keine Schwindelangst plagt, wagt den Abstieg über den Wanderweg Chemin du Facteur. Alle anderen kurven mit dem Auto Serpentine um Serpentine ein schmales Sträßchen hinunter.

Ein paar Kilometer weiter westlich hat die Vis mit dem Cirque de Vissec einen weiteren Talkessel herausgearbeitet. Wieder macht sich ein Dorf in der Talsohle breit. Mit der Dramatik des Cirque de Navacelles aber kann weder dieser noch irgendein anderer Cirque mithalten. Weswegen allein der Cirque de Navacelles zu den Grands Sites, den großen Naturwundern Frankreichs, zählt.

Die schönsten Märkte

MAL HALLE, MAL OPEN AIR

Reicher ausgestattet als in Okzitanien sind die Märkte nirgendwo in Frankreich. Stolz präsentieren die Händler die regionalen Produkte. Das Angebot ist so vielfältig, dass jeder Marktbummel die Sinne erneut berauscht.

1

MONTPELLIER

Hier hat man den richtigen Bogen raus. Die Tomaten stammen aus Capestang, die Austern aus Bouzigues. Der Fisch kommt aus Sète, die Fougasse aus Aigues-Mortes, die Tomme de Brebis vom Larzac und der Wein vom Pic St-Loup. Vor allem samstags ist vieles bio, und alles findet unter und vor den majestätischen Bögen Platz, die bis heute die 300 Jahre alte Wasserleitung zur Place du Peyrou tragen. Fazit: Der Marché des Arceaux bleibt der bestsortierte von Montpellier.

Marché des Arceaux, Boulevard des Arceaux, www.montpellier.fr/structure/454/240-marche-des-arceaux-structure.htm; Di. und Sa. 7.00–13.30 Uhr

PALAVAS-LES-FLOTS

Il est frais, mon poisson! Palavas-les-Flots, an einem Vormittag wie so viele andere. Die Kutter sind in den Hafen zurückgekehrt. Schon wird der Fang ausgebreitet und verkauft. Seeigel liegen im glitzernden Eisbett. Doraden werden entschuppt, ein Seeteufel wird in pfannengerechte Portionen zerteilt. Frischer kann ein Fisch nicht sein!

Marché des Pêcheurs, Quai Georges Clemenceau/Quai Paul Cunq, www.ot-palavaslesflots.com/de/eintauchen-in-palavas/farbenfrohe-markte/marche-des-pecheurs; tgl. ab 9.00 Uhr je nach Wetterlage

SÈTE

In Sète erinnert die hypermoderne Metallhaut der Markthalle an eine Austernschale – kein Wunder, der Étang de Thau und damit das wichtigste Austernzuchtbecken Okzitaniens grenzt an die Hafenstadt. Tipps: Den besten Schinken gibt es bei Thierry Carrie, der den Markt mit Wurst und Schinken aus eigener Herstellung beschickt. Die leckersten Tielle, eine Art Flan mit einer Füllung aus Tintenfisch, Tomaten und Thymian, verkauft „Giulietta“. Man isst sie kalt oder warm, aber immer aus der Hand.

Halles de Sète, Rue Gambetta, www.halles-sete.fr; tgl. 8.00 bis 13.00 Uhr, Mi. mit Marktständen auch um die Halle

BÉZIERS

Freitags wird ganz Béziers zum Marktplatz. Auf dem Champ-de-Mars werden Sommerfähnchen und Leggings verkauft, an den Rändern breiten Trödler ihre Trouvaillen aus, auf der Place David-d'Angers gibt es Obst und Gemüse. Am buntesten aber geht es auf den Allées Paul-Riquet zu. Im Schatten der Platanen erblüht der größte Blumen- und Pflanzenmarkt des Midi – der Marché aux Fleurs ist ein Muss für alle Gartenfreunde.

Marché du Vendredi, Allées Paul-Riquet, www.beziers-mediterranee.com/bouge/en-etant-gourmand/les-marches/; Fr. 7.00–18.00 Uhr

5

CARCASSONNE

Quirlig, etwas schlampig, kurzum herzerfrischend normal, auch das ist Carcassonne – wozu auch die Wochenmärkte auf der Place Carnot und seit 1768 in den nahen, denkmalgeschützten Markthallen Prosper Montagné beitragen. Im Angebot stehen Wurst und Schinken aus der Montagne Noire, süße Zwiebeln aus Citou, Pelardon-Ziegenkäse aus den Cevennen, Touron (weicher Nougat) ...

Marché Place Carnot, www.tourisme-carcassonne.fr/de/vorbereiten/die-gastronomie/die-maerkte; Di., Do. und Sa. 7.00–13.00, Markthallen Rue de Verdun, Mo.–Sa. 7.00–13.00 Uhr

COLLIOURE

„Fruits et légumes mûris au soleil“, so lautet das Motto – und wo, wenn nicht im Roussillon wären Obst und Gemüse so sehr von der Sonne verwöhnt oder besser, „in der Sonne gereift“? Über den Ständen rauschen die Platanen. Ihr Schatten sorgt dafür, dass die noch sonnenwarmen Kirschen aus Céret, Aprikosen, Melonen, Pfirsiche aus dem Conflent vor weiterer Sonne geschützt werden.

Marché traditionnel de Collioure, Place du Maréchal-Leclerc, www.collioure.com/a-voir-a-faire/les-marches; Mi. und So. 8.00–13.00 Uhr

3

4

6

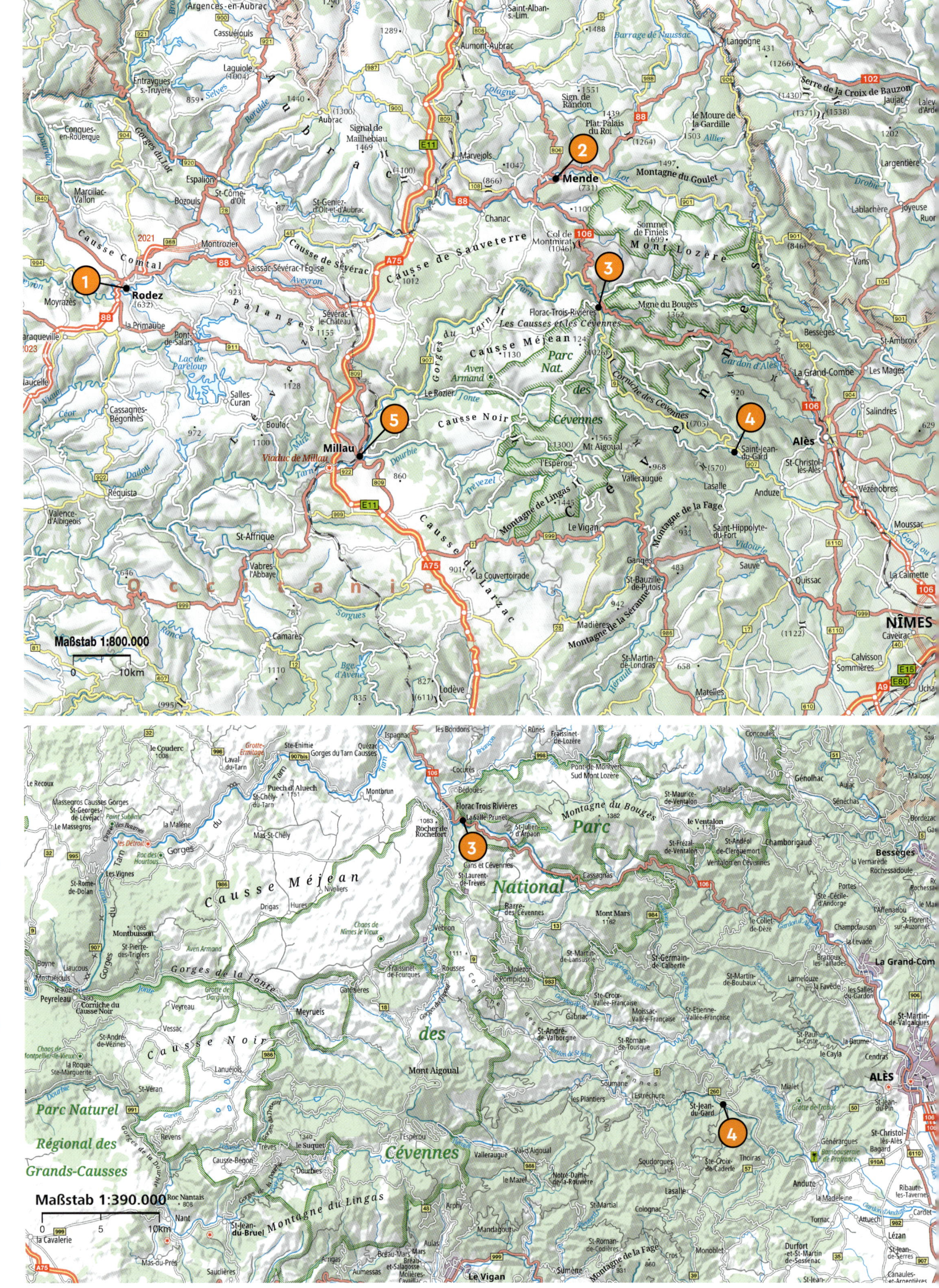

Maßstab 1:800.000
0
10km
Rodez
Millau
Mende
Alès
NÎMES
Lodève
Le Vigan
Florac-Trois-Rivières
Les Causses et les Cévennes
Saint-Jean-du-Gard
Anduze
Langogne
Marvejols
Espalion
Aubrac
Causse Comtal
Causse de Sévérac
Causse de Sauveterre
Causse Méjean
Causse Noir
Causse du Larzac
Parc Nat. des Cévennes
Mont Lozère
Mgne du Bougès
Mt Aigoual
Montagne de Lingas
Montagne du Goulet
Montagne de la Fage
Montagne de la Séranne
Viaduc de Millau
Gorges du Tarn
Gorges du Lot
Corniche des Cévennes
Aven Armand
Occitanie
Maßstab 1:390.000
0
5
10km
Parc National des Cévennes
Parc Naturel Régional des Grands-Causses
Causse Méjean
Causse Noir
Gorges de la Jonte
Mont Aigoual
Montagne du Bougès
Montagne du Lingas
Florac Trois Rivières
Meyrueis
St-Jean-du-Gard
Anduze
ALÈS
Le Vigan
Bessèges
La Grand-Com
Génolhac

RAUM FÜR AUSSTEIGER UND AKTIVE

Die Cevennen und die westlich anschließenden Hochflächen der Causses bilden den Nordosten Okzitaniens. Dünner besiedelt ist Frankreich nirgends. Reich ist die Tierwelt und unbelastet die Flora. Wanderer, Kanuten, Mountainbiker können ein Lied davon singen.

RODEZ

Die überschaubare Hauptstadt des Département (24 000 Einw.) war bereits zu gallischen und römischen Zeiten Siedlungsplatz. Sie thront auf einem 627 m hohen Hügel über der Aveyron, die dem Département den Namen gab. Von den Stadtpalais des 16. und 17. Jh. drängen sich die meisten um die Kathedrale.

Musée Soulages in Rodez: Der schroffe stählerne Bau korrespondiert mit der abstrakten Kunst, die er beherbergt

SEHENSWERT

Herz der in rosa Sandstein gebauten Stadt ist die **Cathédrale Notre-Dame;** ihr gotisches Gebirge wurde im 16. Jh. nach 300 Jahren Bauzeit vollendet. Im Quartier de l'Embergue nördl. der Kathedrale reihen sich **Renaissance- und Barockpalais.** Älter sind die Palais' im Süden der Kirche, u. a. die spätgot. Maison de Benoît (15. Jh.; Place d'Estaing) oder die Frührenaissance-Maison d'Armagnac (16. Jh.; Place de l'Olmet). Schönster Platz ist die **Place du Bourg** mit herrschaftlichen Häusern reicher Händler, u. a. die Maison Boisse mit schmuckem Eckturm.

MUSEUM

Das **Musée Soulages** stellt Pierre Soulages aus. Der wohl bedeutendste zeitgenössische Künstler Frankreichs stammt aus Rodez (1919–2022). Außerdem Wechselausstellungen moderner Kunst (Jardin du Forail, https://musee-soulages-rodez.fr; Juli und Aug. tgl. 10.00–18.00, Sept. bis Juni Di.–Fr. 10.00–13.00 und 14.00–18.00, Sa. und So. 10.00–18.00 Uhr).

ERLEBEN

Der **Jakobsweg** durchquert den Aubrac. Den Pilgern des Mittelalters folgen heute Wanderer durch die Einsamkeit des 1300 m hohen Plateaus (GR 6 „Tour des Monts d'Aubrac" und GR 65 „Chemin de Compostelle"; www.tourisme-en-aubrac.com).

HOTEL UND RESTAURANT

Der Blick von der Maison d'hôtes **€€€/€€ La Singulière** auf die Schlossruine von Sévérac ist umwerfend (7, Rue Emile-Zola, F-12150 Sévérac-le-Château, Tel. 05 65 62 61 30, http://lasinguliere.com).

Das **€€/€ Café Bras** ist so puristisch, wie man es vom Musée Soulages erwartet. Die Küche trägt die Handschrift des Starkochs Sébastian Bras, hier vereinfacht und zu demokratischen Preisen (Rodez, Jardin du Forail, Tel. 05 65 68 06 70, www.cafebras.fr).

UMGEBUNG

Die eisgrauen Fenster der romanischen Abteikirche Ste-Foy in **Conques** (www.tourisme-conques.fr) sind ein Werk von Pierre Soulages; im Trésor wird einer der reichsten Kirchenschätze Frankreichs gezeigt, allen voran das goldene Standbild der hl. Fides (10. Jh.). Freier Zugang zur Kirche außerhalb der Messen (7.30, 12.05 und 18.00 Uhr; Trésor April–Sept. 9.30–12.30 und 14.00–18.30 Uhr, sonst kürzer).

Laguiole-Messer entstehen in Handarbeit, die sich seit dem 19. Jh. kaum verändert hat

Drei der „schönsten Dörfern Frankreichs" (www.les-plus-beaux-villages-de-france.org) reihen sich im Tal des Lot (30 km nördl.): In **Estaing** thront eine Burg über den Gassen. In **St-Côme d'Olt** rücken stolze Palais' an die Renaissancekirche, in **Ste-Eulalie-d'Olt** rutschen die mit Kieselsteinen gepflasterten Gassen zum Fluss hinunter.

DESIGNERKLINGE

Auf der Wiese liegt ein UFO, ganz in Silber. Vorne spießt eine 18 m lange Klinge den Himmel auf. In der futuristischen Fabrik sind gut hundert Mann damit beschäftigt, Stahlklingen zu schmieden, glühende Rohlinge im Ölbad zu härten, mit dem Dampfhammer eine Biene als Erkennungszeichen ins Metall zu hämmern, Horn- oder Holzgriffe anzubringen. Das Ergebnis ist ein Laguiole-Messer, elegant und funktional zugleich. Die Schmiede kann besichtigt werden.

Forge de Laguiole, *Route de l'Aubrac, Laguiole (60 km nordöstl. von Rodez), www.forge-de-laguiole.com; Führungen Mo.–Fr. 9.00–12.00 und 13.30–17.30 Uhr*

INFORMATION

Office de Tourisme, 14, Place Eugène Raynaldy, F-12000 Rodez, Tel. 05 65 75 76 77, www.rodez-tourisme.fr

MENDE

Die Hauptstadt des Département Lozère (12 500 Einw.), seit jeher ein Handelsplatz, wird von seiner wuchtigen Kathedrale fast erdrückt. Die Altstadt versprüht den trägen Charme der Provinz. Nur beim Samstagsmarkt brummt es.

SEHENSWERT

Die **Cathédrale St-Privat** gebietet mit einer monumentalen Westfassade Einhalt. Papst Urban V. hatte im 14. Jh. den Anstoß zum Bau gegeben – der Kirchenfürst stammte aus dem nahen Pont-de-Montvert, seine Statue steht vor der Kathedrale. In der Altstadt gibt es noch **Fachwerkbauten,** so etwa in der Rue de l'Arjal.

Millau, eine Hochburg der Handschuhherstellung: Showroom der Maison Causse

HOTEL

Im **€€€/€€ Château d´Orfeuillette,** urspr. ein Jagdschloss, faucht die Bestie des Gévaudan die Gäste an (La Garde, F-48200 Albaret Ste-Marie, 20 km nördl. von Aumont-Aubrac, Tel. 04 66 42 65 65, www.hotels-brunel.com).

UMGEBUNG

Les Loups du Gévaudan ist ein Wolfsreservat mit Rudeln sibirischer, abessinischer, polnischer, kanadischer Wölfe (Ste-Lucie, St-Léger-de-Peyre, nördl. von Marvejols, www.loupsdugevaudan.com; tgl. Führungen Febr.–Aug.). In der 250 ha großen **Réserve des Bisons d'Europe** ist das größte Säugetier Europas beheimatet (Ste-Eulalie, nördl. von St-Léger-de-Peyre, www.bisoneurope.com; Mai–Sept. tgl. 10.00–17.00 Uhr, sonst kürzer bzw. geschl.).

INFORMATION

Office de Tourisme, Place du Forail, F-48000 Mende, Tel. 04 66 94 00 23, www.mende-coeur-lozere.fr

FLORAC

Das lässige Städtchen (2100 Einw.) ist so etwas wie ein Basislager für Outdoor-Urlauber. Die können sich in der Maison du Parc National des Cévennes mit Infomaterial eindecken. Studiert wird alles auf einer der Caféterrassen, die mit den Platanen für mediterranes Flair sorgen.

SEHENSWERT

Das **Château** – aus dem 17. Jh. und von zwei runden Türmen flankiert – gehört dem Nationalpark Cevennen. Als Schaufenster mit Ausstellung und Info-Zentrum des Parks dient die **Maison du Tourisme et du Parc national des Cévennes** (Place de l'Ancienne Gare, www.cevennes-parcnational.fr; Juli und Aug. tgl. 9.30–12.30 und 14.00–18.30, April–Juni und Sept.–Okt. Mo.–Sa. 9.30–12.30 und 14.00–18.30, sonst Di., Do., Sa. und So. 9.30–12.30 und 14.00–18.30 Uhr).

ERLEBEN

Die **Gorges du Tarn** (westl.) sind ein Paradies für Paddler. Kanus und Kajaks verleiht Méjean Canoe (www.canoe-mejean.com) in Ste-Énimie oder Canoe 2000 (www.canoe-kayak-gorgesdutarn.com/fr-fr) in La Malène. Bequemer ist es mit den Bateliers des Gorges du Tarn: Die Tour mit einer flachen Barke wird vom Batelier kommentiert (4–6 Pers., www.gorgesdutarn.com). Wanderungen mit dem Esel auf dem **Chemin Stevenson** (www.chemin-stevenson.org) bietet Gentiâne (Vialas, https://ane-et-randonnee.fr; weitere Anbieter auf www.ane-et-rando.com).

UMGEBUNG

Auf dem **Causse Méjean** (westl.) wurden knapp 40 Tropfsteinhöhlen gefunden; zugänglich ist der **Aven Armand** mit über 400 Stalagmiten (Hures la Parade, https://avenarmand.com; Mitte Juli bis Aug. tgl. 10.00–18.00 Uhr, April–Juli, Sept. und Okt. kürzer). Weiter östlich bilden von Erosion geformte Felsen das **Chaos de Nîmes-le-Vieux**, einen bizarren Felsengarten in der kargen Hochebene. Von der Terrasse der **Maison des Vautours** lassen sich mit einem Fernglas die Geier der Jonte-Schlucht beobachten; das Haus ist zugleich Geier-Museum (Le Truel, östl. von Peyreleau, www.maisondesvautours.fr; Juli und Aug. tgl. 9.30–19.00, Mai, Juni, Sept. und Okt. Di.–So. 9.30–19.00 Uhr). **Le Pont-de-Monvert** (300 Einw.; 25 km östl.) ist idealer Ausgangspunkt für die Heidekrauteinöde am Mont Lozère (1699 m).

INFORMATION

Office de Tourisme, Place de l'Ancienne Gare, F-48400 Florac, Tel. 04 66 45 01 14, www.cevennes-gorges-du-tarn.com

ST-JEAN-DU-GARD

Die südlich wirkende Protestantenhochburg (2000 Einw.) am Gardon wirkt eher verschlafen. Wahrzeichen ist die Tour de l'Horloge, ein Uhrturm mit romanischen Mauern.

MUSEUM

Das **Musée des Vallées Cévenoles** in der ehem. Seidenspinnerei La Maison Rouge erzählt, wie der Ort durch die Seidenraupenzucht reich und nach deren Niedergang wieder arm wurde (5, Rue de l'Industrie, www.maisonrouge-musee.fr.; Juli bis Sept. tgl. 10.00–19.00, Ostern–Juni und Okt. tgl. 11.00–18.00, sonst Mi.–So. 14.00–17.30 Uhr).

ERLEBEN

Der **Train à vapeur des Cévennes** dampft vormittags in einer knappen Stunde nach Anduze, mit einem Zwischenhalt an der Bambouseraie (www.trainavapeur.com; Ostern–Okt.).

UMGEBUNG

Die **Corniche des Cévennes** (D 9, nordw.) führt durch weite Esskastanienwälder. Die Kammstraße erlaubt vom Col des Faisses bis St-Jean-du-Gard Ausblicke auf das üppige Grün der Südcevennen. **Anduze** (3300 Einw.; südöstl.), Tor zu den Südcevennen, galt als protestantische Hochburg als „Genf der Cevennen"; wirklich bekannt aber ist Stadt am Gardon für buntlasierte Gartenvasen, die wohl bereits für Versailles bestellt wurden (www.vase-anduze.fr). In der Bambouseraie en Cévennes im nahen **Générargues** sprießen 180 Bambusarten; dazu gehören eine Sequoia-Allee, ein Hüttendorf aus Laos und ein Bambuslabyrinth (www.bambouseraie.com).

INFORMATION

Office de Tourisme, Maison Rouge, 5, Rue de l'Industrie, 30270 St-Jean-du-Gard, Tel. 04 66 85 32 11, www.cevennes-tourisme.fr

MILLAU

Weltbekannt ist die Kleinstadt (22 000 Einw.) für zwei Dinge: Handschuhe aus der Maison Causse. Und der Viaduc de Millau gilt als eleganteste Autobahnbrücke der Welt.

SEHENSWERT

Von der jahrhundertelangen Bedeutung als Hauptstadt des Handschuhs kündet in der Altstadt die **Rue des Cuirs** (Lederstraße). Lebendig wird das Handwerk im Atelier du Gantier in der geschäftigen Hauptstraße (21, Rue Droite, www.atelierdugantier.fr). Hypermodern ist die Manufaktur der Maison Causse, bei der Karl Lagerfeld Stammkunde war (5, Boulevard des Gantiers, www.causse-gantier.fr), mit einem kleinen Firmenmuseum und einer Boutique.

HOTEL

Das herrschaftliche **€€ Château de Creissels** etwas außerhalb von Millau hat einen schönen Park (Place du Prieur, Creissels, Tel. 05 65 60 16 59, www.chateau-de- creissels.com).

UMGEBUNG

Der Name **Roquefort-sur-Soulzon** (www.roquefort-tourisme.fr; 30 km südl.) steht für den berühmtesten Blauschimmelkäse Frankreichs. Der

Ein Wandererdorado: das Felschaos von Nîmes-le-Vieux

BRÜCKENBESUCH

Bis zu 343 m ragen die Pylone über dem Tarn empor, 2460 m lang ist das Bauwerk, allein 36000 t Stahl wurden für die Tragekonstruktion der Fahrbahn benötigt. Dem von Sir Norman Foster entworfenen Viaduc de Millau kommt man in der Viaduc Expo auf der Autobahnraststätte Viaduc de Millau (A 75) und bei einer Führung näher.

***Viaduc de Millau,** www.leviaducdemillau.com; Kernzeit tgl. 9.00–17.00 Uhr*

aus der Milch von Lacaune-Schafen hergestellte Käse reift in 8 bis 10 °C kühlen Höhlen und Grotten. Viele der Käseproduzenten bieten Führungen an (an warme Kleidung denken; www.roquefort-societe.com/les-caves, www.visite-roquefort-papillon.com, www.gabriel-coulet.fr, www.le-vieux-berger.com).

Der **Larzac,** mit 1000 km² größte Kalkhochebene unter den Causses (südöstl.), war im 12. Jh. eine Hochburg der Templer. Auf diese gehen das hübsche **Ste-Eulalie-de-Cernon** zurück, wo sich die Commanderie befand, das ummauerte, zum Kreis der „schönsten Dörfer Frankreichs" zählende **La Couvertoirade,** das bis heute als Militärbasis bekannte **La Cavalerie.** Die Rundroute „Circuit du Larzac templier et hospitalier" führt von Ort zu Ort (www.tourisme-larzac.com/fr/diffusio/organisez-votre-sejour/bouger/randonnee-velo-vtt/viala-du-pas-de-jaux/circuit-des-templiers-et-hospitaliers_TFO297081593116.php).

Der **Cirque de Navacelles** ist ein Grand Site de France und ein Wanderparadies. In den 400 m tiefen Talkessel führen ausgeschilderte Wanderwege (www.cirquenavacelles.com).

INFORMATION
Office de Tourisme, 1, Place du Beffroi, F-12100 Millau, Tel. 05 65 60 02 42, www.explore-millau.com

AUF DER MILCHSTRASSE

Geschafft! Morgens um acht ist für Madame Niel die Welt wieder in Ordnung. Seit dem frühen Morgen hat die Bäuerin aus St-Chély d'Aubrac Papierblumen für ihre Kühe gefaltet. Denn es ist Fête de la Transhumance, der Tag, an dem das Vieh geschmückt und auf den Aubrac getrieben wird – und die Wanderer in Scharen kommen.

Bis zu 20000 Schaulustige werden erwartet. Eine Armada von Wohnmobilen säumt die Route Départementale 987. „Milchstraße" nennen die Bauern die Landstraße, über die die meisten Viehherden ziehen – und Wandererscharen hinterher. Für Stärkung ist gesorgt. Im Weiler Salgues dampfen die Kessel mit Soupe aux Tripoux, einer Suppe aus Pansen und Innereien. Wer sich zum Frühstück etwas anderes vorstellen kann – ein Kessel Schnecken simmert ebenfalls. Strecke, Datum, Rituale sind jedes Jahr dieselben. Am Sonntag, der dem 25. Mai, dem Tag des heiligen Urbain, seines Zeichens

Beschützer aller Rinder, am nächsten liegt, werden die rotbraunen Aubrac-Kühe auf die Hochweiden getrieben. Das Wetter ist weniger zuverlässig. Bis in den Mai können Schneestürme den Aubrac in ein Eisfeld verwandeln. Ebenso gut können Millionen von Wildnarzissen die Einöde in einen Blütenteppich verwandeln.

Ankunft in Aubrac-Village. Folkoregruppen schwingen das Tanzbein, die Herren mit Moustache und Baskenmütze, die Damen mit Rüschen und Häubchen. Auftritt des Bischofs von Rodez. Der Kirchenmann lobt die braune Robe der Aubrac-Kuh und findet bewundernde Worte für die Toilettage der Rindviecher. Jetzt muss noch die schönste Kuh prämiert werden. Und abends gibt es einen Ball, Entrecôte inklusive.

Streckenverlauf: Mehrere Routen, die Hauptroute (ca. 18 km) verläuft von Salgues nach Aubrac-Village (25 km nordöstl. von St-Côme-d'Olt).

Wandern: Der Verein „Traditions en Aubrac" organisiert begleitete Wanderungen zum Viehauftrieb (12 km; https://transhumance-aubrac.fr/traditions-en-aubrac

Nîmes und der Osten

*

DAS LEBEN ALS CAFÉTERRASSE

*

Die Bilder ähneln denen in der nahen Provence. Platanenalleen zwischen Weinbergen und Olivenhainen. Antike Arenen, seit 2000 Jahren bespielt. Märkte mit dem Duft von Thymian, Rosmarin und Salbei. Boule-Spieler geben ihr Bestes. Von den Südcevennen bis in die Petite Camargue ist das Leben ein einziger Süden.

Die Pont d'Arc – 60 Meter lang und 54 Meter hoch – überspannt als natürliche Steinbrücke den Fluss Ardèche unweit von Vallon-Pont-d'Arc

In einem der vielen kleinen Läden in den Altstadtgassen von Uzès

Über den Pont du Gard strömten zu römischen Zeiten jeden Tag bis zu 20 000 Kubikmeter Wasser Richtung Nîmes. Bis heute rätseln die Ingenieure, wie das durchgängig gleichmäßig geringe Gefälle der Wasserleitung realisiert werden konnte (oben). Die Ardèche rund um den Felsbogen Le Pont d'Arc ist ein Paradies der Paddler (rechts)

Jeden Samstag wird der Platanenboulevard von Uzès zum vielbesuchten Wochenmarkt

Das besternte Restaurant „La Table d'Uzès" bringt die Produkte des Südens auf seine Tische in der Rue du Dr-Blanchard

Es war 1912, als in den Gorges de l'Ardèche erste Kanus starteten. Ein Jahrhundert später flutschten pro Jahr 100 000 Leihkanus unter dem monumentalen Steinbogen des Pont d'Arc hindurch. Und es werden immer mehr. Zusammen mit den Scharen an Rad-, Wander-, Tagestouristen, die das Naturwunder ansteuern, erhöht sich die Zahl auf 1,5 Millionen Besucher. Vor allem im Hochsommer heißt es: Rien ne va plus! Bleibt die Frage, wie der Andrang zu kanalisieren ist. Die Antwort gibt das Projekt „Grand Site Combe d'Arc". Parkplätze wurden verkleinert, Fußwege am Ufer angelegt. Ein Busshuttle verkehrt gratis. Zudem sorgt der Schutz der Gorges de l'Ardèche als Réserve Naturelle dafür, dass der Wildwasserfluss zu den saubersten Gewässern Europas zählt.

TÖDLICHER REGEN

Sintflutartige Regenfälle setzen das Département Gard immer wieder unter Wasser. Schuld sind Seewinde, die Wolkenmassen vom Meer landeinwärts treiben. Dort bleiben sie am südlichen Cevennenrand hängen – und die nächste Sintflut droht, wie im Katastrophenherbst 2002, als ganze Landstriche in eine Seenplatte verwandelt, komplette Dörfer von den Wassermassen weggerissen wurden und Nîmes' Maison Carrée unter Wasser stand. Bis zu 680 Millimeter Regen waren in weniger als 24 Stunden gefallen – eine Menge, die den Niederschlägen von acht bis zehn Monaten entspricht. 23 Tote gab es zu beklagen. Der materielle Schaden ging in die Hunderte Millionen Euro. Nicht ganz so dramatisch war die Lage Oktober 2023. Bei den „épisode cévenol" genanntem Unwettern fielen in wenigen Stunden 189 Millimeter Regen. Menschen mussten aus den von den Fluten bedrohten Autos befreit werden, Campingplätze gingen im Starkregen unter.

EINE PROVENCE EN MINIATURE

Route du Thym, Thymianstraße, nennt die sich von Nîmes nach Uzès durch die Garrigue schlängelnde D 979 unter Einheimischen. Zistrosen blühen blassrosa. Thymian duftet. Die mörtellos aufgeschichteten Steinkuppeln der Capitelles, nach uralter Bautradition errichteten Schäferhütten, wiegen schwer. Dann taucht die Türmesilhouette von Uzès auf. Ein Platanenboulevard umringt das Städtchen, der zum Samstagsmarkt wie fast die gesamte Altstadt gesperrt ist. Auf der Place aux Herbes hat sich eine Zeltstadt mit bunt gestreiften Markisen ausgebreitet. Alles, was Provence und Languedoc zu bieten haben – Oliven, Stockfisch, Lavendelhonig, zu Sträußen gebundene Kräuter, Ziegenkäse, Trüffel –, liegt verführerisch an den Ständen aus. Oder kann in einer der umliegenden Boutiquen erworben werden, die unter den Arkaden und in den prachtvollen Stadtpalais aus Renaissance und Barock untergekommen sind.

FRANZÖSISCHES ROM – BEI DEN FESTSPIELEN WIRD ES WIEDER LEBENDIG!

Bei den alljährlichen Großen Römischen Festspielen von Nîmes wird das antike Amphitheater zum zeitgemäßen Spielort

RÖMISCHE WUNDERWERKE

„Mein Hotel wurde völlig weggeschwemmt!", kommentiert Jean-Luc Jourdain die Fotos vom Jahrhunderthochwasser 2002. An der Gardon-Brücke von Collias stand das Wasser bis zur Fahrbahndecke. Nur ein Bauwerk überstand die Flut unbeschadet: der Pont du Gard. Worauf nicht nur Jean-Luc stolz ist: „Wir leben mit den Launen des Gardon so wie wir mit der Unvergänglichkeit des Pont du Gard leben."

Knapp 50 Meter ragen die Arkaden des höchsten Aquädukts der Antike auf, errichtet im ersten nachchristlichen Jahrhundert, um das Wasser aus der Eure-Quelle bei Uzès nach Nîmes zu leiten. Was das Hochwasser nicht vermochte, schaffte die wachsende Besucherflut. Das Bauwerk geriet ins Wanken. Denn als die strauchige Garrigue zu Füßen der Pfeiler weggetrampelt war, wuschen Wind und Wetter den Boden fort. Heute versickert der motorisierte Verkehrsfluss auf vorgeschriebenen Parkplätzen. Über die Bögen zu klettern, ist nicht mehr erlaubt. Macht nichts. Von der 1743 an den Pont du Gard gesetzten Brücke lassen sich die von Sklaven und Steinmetzen geritzten Graffiti ebenso gut entziffern.

Wie kongenial ein Brückenschlag von der Antike zur Avantgarde ausfallen kann, beweist Nîmes. Auf der Place de la Maison Carrée harmonieren ein 2000 Jahre alter Tempel mit dem Carré d'Art, einem Museumsbau von Sir Norman Foster. Augusteische

Das Festspielthema „Barbarenkönige“ hatte die Invasion der Kimbern und Teutonen zu Beginn des 2. Jahrhunderts zum Vorbild

Bis heute markiert der Maison Carrée genannte Tempel aus dem 1. Jahrhundert das Zentrum von Nîmes. Hier war in der römischen Antike das Forum der Stadt

Der berühmte Stierkämpfer Christian Montcouquiol vor Nîmes Amphitheater: Seit 600 Jahren bestimmt der Kampf zwischen Mensch und Tier den Sommer im Süden (links). Les Grands Jeux Romains: Viel Mühe wird auf historisch zutreffende Kostüme der Darsteller verwendet (rechts)

Die Geschichte der Salins de Midi begann 1856 in Aigues-Mortes und entwickelte sich zu einem multinationalen Unternehmen mit einem Jahresumsatz von 300 Millionen Euro. Die Meersalzgewinnung der Region hat eine lange Tradition und geht auf römische Zeiten zurück (rechts und unten)

Klassik trifft auf gläserne Moderne – der architektonische Spagat ist programmatisch für die wegen ihrer antiken Baudenkmäler „Französisches Rom" genannte Stadt. Das futuristische, mit einer Toga aus Glaslamellen ummantelte Musée de la Romanité bietet dem im Jahr 70 gebauten steinernen Koloss der Arena souverän Paroli. Die Liste ließe sich beliebig fortsetzen: die von Wilmotte mit Aluminium verkleideten alten Markthallen, der von Philippe Starck in ein Belle-Époque-Viertel gesetzte Kubus der Bushaltestelle Abribus, die von Jean Nouvel an die Altstadt angedockten, wie Ozeandampfer wirkenden Le Nemaus-Wohnriegel ... Wie selbstverständlich die Baudenkmäler im Leben der Stadt verankert sind, zeigt sich zur Pfingst-Feria. Denn neben Madrid und Sevilla ist Nîmes die Nummer 3 unter den europäischen Stierkampfmetropolen. Und so jubeln zur Corrida die Massen in den Arenen dem Kampf zwischen Mensch und Tier zu. Wie vor 2000 Jahren ...

GESTALTET VON WIND UND WELLEN

Nur wenige Straßen zerlegen die amphibische Landschaft des Rhône-Deltas. Abgesehen vom Dünenkamm, der die Camargue vom Mittelmeer trennt, ist das Land tischtuchflach. Himmel und Steppe verschweißen zu einem flirrenden Zerrbild. Für Dörfer bietet der schwankende Boden selten Halt. Entsprechend einsam liegen die Mas, die weiß

Die Tour de Constance gilt als ältestes Bauwerk von Aigues-Mortes, einer Gründung Ludwigs des Heiligen

Bis heute blickt Ludwig der Heilige von seinem Sockel auf dem nach ihm benannten zentralen Platz von Aigues-Mortes auf die Besucher seiner Bastide

getünchten Höfe der Rinder- und Pferdezüchter. Bei Mistral geht alles in Deckung. Kein Baum, kein Strauch schützt vor dem Nordwind, der über der Camargue noch einmal richtig aufdreht, die Reisfelder südlich von St-Gilles durchbürstet und über die Salinen bei Aigues-Mortes hinwegfegt.

AIGUES-MORTES, DIE BERÜHMTE FESTUNGSSTADT, LENKT SCHON VON WEITEM ALLE BLICKE AUF SICH.

Der Mistral und die sich immer wieder neue Wege schaufelnden Seitenarme der Rhône haben dafür gesorgt, dass Aigues-Mortes heute auf dem Trockenen, oder besser gesagt, im feuchten Sumpfland der Camargue liegt. 1248 konnte sich Ludwig IX. hier noch bequem zum sechsten Kreuzzug einschiffen. Später legte eine lang andauernde Dürre den Küstensaum trocken. Zugleich lagerten sich große Mengen Sand, den die Rhône angeschwemmt hatte, um die bis heute Ehrfurcht gebietend aufragenden mittelalterlichen Mauern ab. Seit dem 19. Jahrhundert verbindet ein Kanal die Stadt mit dem Hafen von Le Grau-du-Roi, wo die größte Fischereiflotte der französischen Mittelmeerküste vertäut liegt.

ZUR SACHE
»JE UNGLÜCKLICHER DIE ZEITEN SIND, UM SO MEHR VERMEHREN SICH DIE IDIOTISMEN.«
Johann Wolfgang von Goethe nach Denis Diderot

Birgit Vanderbeke

DEN SÜDEN ERLERNEN

Fast drei Jahrzehnte hat die deutsche Schriftstellerin Birgit Vanderbeke in der Nähe von Uzès gelebt und uns den Midi erklärt. Wie die Weihnachten 2022 überraschend verstorbene Trägerin des Bachmann- und Hans-Fallada-Preises das gemacht hat? Sie schrieb einen (Schlüssel-) Roman nach dem anderen über ihre Wahlheimat.

Eine Begegnung vor ein paar Jahren in Uzès. Die Frau mit dem Hund schlenderte fast auf die Minute pünktlich über die Place aux Herbes. Wir waren am Brunnen in einer Ecke des Hauptplatzes von Uzès verabredet. Bögen, Türmchen, Gewölbe und Caféterrassen säumen die Weite. Über uns rauschten Platanen im Mistral, der durch das Rhône-Tal in Richtung Mittelmeer fauchte. Noch im Languedoc-Städtchen Uzès hat der Nordwind genug Kraft, um die Baumkronen kräftig durchzuschütteln. Birgit Vanderbekes Löwenmähne hingegen schien er wenig anhaben zu können. Unter dem Mittelscheitel leuchteten ein Paar graugrüner Augen, mit dem die Schriftstellerin amüsiert bis spöttisch die Welt zu betrachten schien.

„Bonsoir, ich bin Birgit Vanderbeke, und das ist Mimmi," stellte sich die mit renommierten Literaturpreisen Geehrte vor. Prompt wedelte ihre honiggelbe Mischlingshündin freudig mit dem Schwanz. Mehr über Mimmis Charakter erfährt man in „Die Frau mit dem Hund", Vanderbekes Roman aus dem Jahr 2012. Eine der Hauptpersonen heißt Pola Nogueira. Steter Begleiter der jungen Frau ist Zsazsa, ein zärtliches Schlappohr, etwas scheu und mit honiggelbem Fell. „Mimmi ist Zsazsa", bekräftigte Birgit Vanderbeke. Und ihr erster Hund. Vor Mimmi gab es nur Katzen im Haus. Katzen aber können keine Trüffel suchen. Mimmi schon, nicht zuletzt dank Monsieur Aguillio, einer Instanz in der Trüffelsuchergemeinde von Uzès. „Beim Training muss der Trüffel in einen Nylonstrumpf gewickelt werden, damit der Hund erst gar nicht auf den Geschmack kommt und den Pilz frisst." So sprach eine, die mit Haut und Haaren im Languedoc zu Hause ist.

BETON STATT NATURSTEIN

Seit über 25 Jahren lebte Vanderbeke damals bereits mit Mann und Sohn in Südfrankreich. Eigentlich sollte es die Provence sein. Doch horrende Hauspreise und die mehr und mehr zu Touristenattraktionen aufgehübschten Dörfer ließen den Blick über die Rhône nach Westen schweifen. Im Gard lagen die Immobilienpreise deutlich niedriger. Die sanft gewellte Landschaft zwischen Mittelmeer und den Cevennen ist zudem wesentlich grüner als die im Hochsommer verdorrte Provence. Das Haus, in dem die Familie bis heute lebt, ist kein romantisches altes Naturstein-

Auf Höhe des Dorfes Collias hat der Fluss Gardon Kieselbänke und Badebuchten freigespült. Eisvögel blitzen über das Wasser. Etwas weiter flussabwärts wölbt sich der antike Pont du Gard über den Gardon. Es ist ein Ort, den die Schriftstellerin magisch fand.

gemäuer, sondern ein zweckmäßiger Neubau mit großem Grundstück und auch im Winter – den gibt es in Südfrankreich – trocken und beheizbar, kurzum bewohnbar. Näheres über das Für und Wider von Naturstein oder Beton kann man in ihrer „Gebrauchsanweisung für Südfrankreich" nachlesen.

Die Ideen zu Romanen wie „Ich sehe was, was Du nicht siehst" (1999), „Die sonderbare Karriere der Frau Choi" (2007) oder „Der Sommer der Wildschweine" (2014), die alle drei in ihrer südfranzösischen Wahlheimat spielen, entwickelte sie hingegen woanders, etwa am Ufer des Gardon. Die Idylle gebiert jedoch keine literarischen Südfrankreichklischees. Vanderbekes Helden zeichnet eine Prise Anarchie aus, ihre Geschichten sind nicht harmlos. Frau Choi vergiftet in ihrem koreanischen Restaurant am Fuß der Cevennen die eher unangenehmen Vertreter des männlichen Geschlechts. Ihre Waffe ist Schöngelber Klumpfuß, ein Giftpilz, den man in der Küche nicht nachweisen kann, wie Hobbyköchin Vanderbeke weiß. Milan und Leo machen in „Der Sommer der Wildschweine" Urlaub im Languedoc – bis angesichts von Schiefergasbohrungen, Stichwort Fracking, an Erholung nicht mehr zu denken ist. Schwarzer Humor und ein kritischer Geist stehen bei fast allen Büchern Pate. Was auch für „Die Frau mit dem Hund" gilt. Der Roman spielt in einer fiktiven Welt von morgen, in der Hunde als öffentliches Gesundheitsrisiko verteufelt werden und die Überwachung total ist.

LIEBE FÜR DAS LANGUEDOC

Birgit Vanderbeke erzählte von ihrer Leidenschaft fürs Kochen, dem Fischhändler ihres Vertrauens aus Le Grau-du-Roi, der Leidenschaft für die Trüffelsuche. Von ihren Araukana-Hühnern, die grüne Eier legen und die sie bei der Recherche zum Roman „Das lässt sich ändern" entdeckt hat. Vor allem aber erzählte sie von ihrer Liebe für das Languedoc.

Seit Jahrhunderten ist Frankreichs „anderer Süden" die Heimat von Andersdenkenden und Querköpfen. Katharer und Protestanten haben hier Zuflucht gefunden. Später waren es 1968er-Aussteiger und Vordenker von Frankreichs Ökobewegung. Nur eine gute halbe Stunde Autofahrt von Uzès entfernt etwa lebt der amerikanische Anarcho-Comiczeichner Robert Crumb („Fritz the Cat") in Sauve, wo er mit Erfolg den Bau eines Billigsupermarkts am Dorfrand verhindert hat. Es ist eine Geschichte, die ganz nach dem Geschmack der Schriftstellerin war. Es bleiben ihre Bücher, in denen man mehr darüber findet.

INFORMATIONEN

Birgit Vanderbekes Bücher sind im S. Fischer Verlag, Frankfurt, und Piper Verlag, München, erschienen.

Der Tour Fenestrelle genannte romanische Glockenturm überragt die ehemalige Kathedrale von Uzès (oben). Beliebter Treffpunkt ist die Place aux Herbes mitten in der Altstadt (unten)

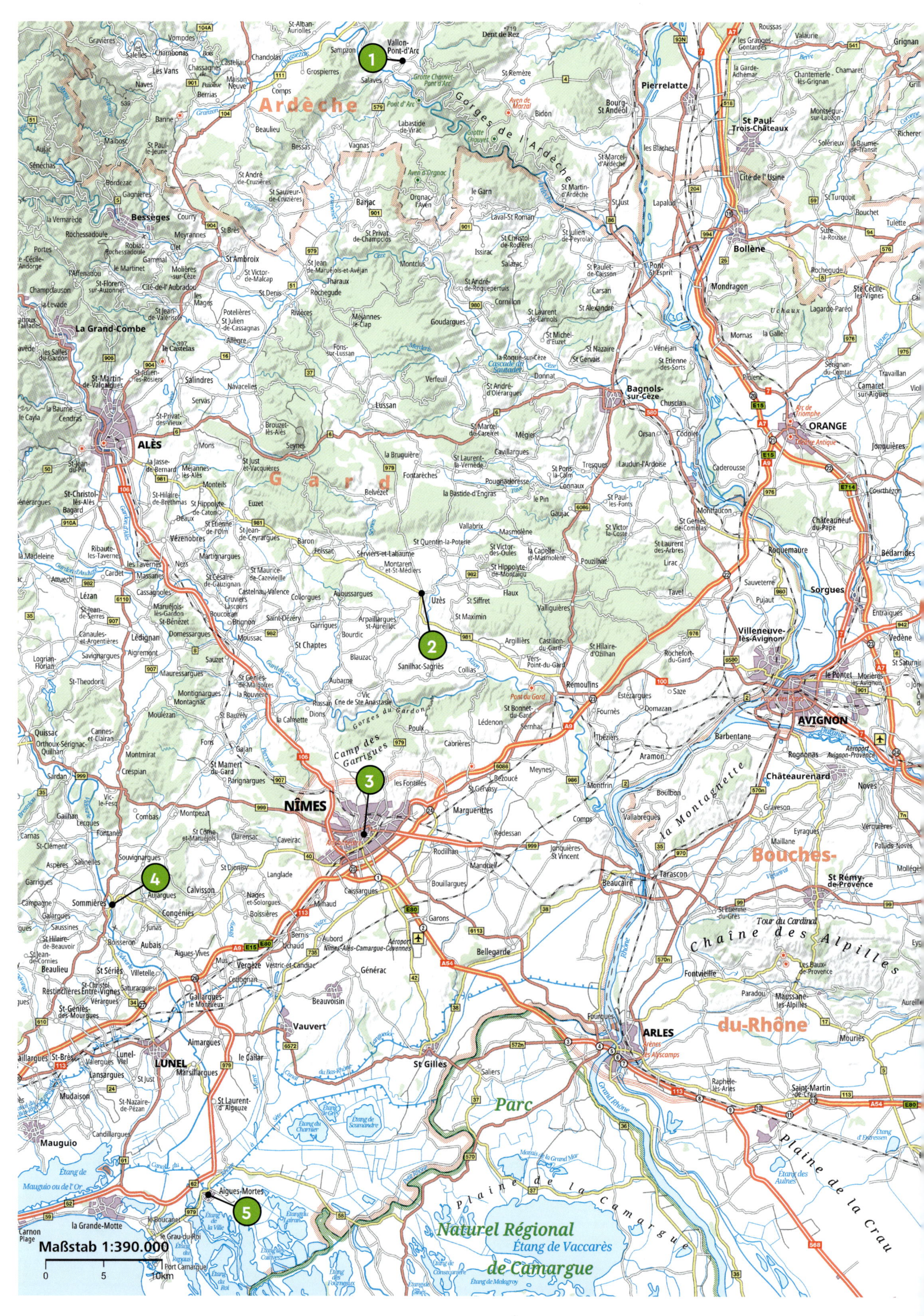

Ardèche
Gard
Bouches-
du-Rhône
Parc
Naturel Régional
de Camargue
Vallon-Pont-d'Arc
Gorges de l'Ardèche
Pierrelatte
St Paul-Trois-Châteaux
Bollène
Mondragon
Pont-St-Esprit
Bagnols-sur-Cèze
ORANGE
Besseges
St Ambroix
La Grand-Combe
ALÈS
Barjac
Lussan
Uzès
Sanilhac-Sagriès
Gorges du Gardon
Camp des Garrigues
Remoulins
Pont du Gard
Villeneuve-lès-Avignon
AVIGNON
Châteaurenard
Sorgues
Roquemaure
NÎMES
Marguerittes
Beaucaire
Tarascon
St Rémy-de-Provence
Chaîne des Alpilles
La Montagnette
Sommières
Aujargues
Calvisson
Congénies
LUNEL
Vauvert
St Gilles
ARLES
Bellegarde
Aigues-Mortes
la Grande-Motte
Mauguio
Étang de Vaccarès
Plaine de la Camargue
Plaine de la Crau
Maßstab 1:390.000
0
5
10km
1
2
3
4
5

WILDWASSER VOR RÖMISCHER KULISSE

Die weltbekannten Brückenbögen über den Gardon und das besterhaltene Amphitheater Frankreichs sind nur zwei der Sehenswürdigkeiten, mit denen das Land zwischen Südcevennen und Camargue Aufmerksamkeit erlangt. Wild wird es für Kanuten auf dem Gardon, manchmal eng in der Schlucht der Schluchten, den Gorges de l'Ardèche.

1 VALLON-PONT-D'ARC

Das auf ein römisches Legionslager zurückgehende Vallon-Pont-d'Arc (2400 Einw.) ist die Hauptbasis der Kanu- und Kajakanbieter an der Ardèche.

SEHENSWERT

Parallel zur Ardèche verläuft die **Route de la Corniche** (D 290) mit einem Dutzend Aussichtspunkten. Vom Belvédère de la Cathédrale und de la Madeleine stürzt der Blick ins Bodenlose. Ebenso spektakulär sind zahlreiche Grotten. Als berühmteste gilt die mit prähistorischen Tierzeichnungen ausgeschmückte **Grotte Chauvet** unweit des Felsbogens **Le Pont d'Arc.** Aus konservatorischen Gründen ist sie nicht zu besichtigen. Dafür zeigt die futuristische **Caverne du Pont d'Arc** Kopien der vermutlich ältesten datierbaren Gemälde der Menschheit (https://de.grottechauvet2ardeche.com; Kernöffnungszeit tgl. 9.00–19.00 Uhr).

Die Ardèche beim Pont d'Arc: Stromschnellen als Herausforderung für die Kanufahrer

ERLEBEN

Kanu- und Kajaktouren bis nach St-Martin-d'Ardèche ab der Base Nautique du Pont d'Arc (Route des Gorges, www.canoe-ardeche.com) oder bei Escapade Loisirs – außerdem **Klettern, Mountainbiking, Rafting** (Passage de la Première Armée, www.escapade-loisirs.com).

UMGEBUNG

Die **Gorges de la Cèze** südl. von Barjac sind nur 4 km lang – dafür deutlich weniger überlaufen als die Gorges de l'Ardèche (www.tourisme-ceze-cevennes.com). In **Barjac** selbst ist das Atelier La Ribaute von **Anselm Kiefer** (geb. 1945) seit 2023 öffentlich zugänglich. Auf einem rund 40 ha großen Areal hat der deutsche Künstler mehr als 70 Kunstinstallationen geschaffen (https://eschaton-foundation.com; Mitte April bis Okt; Tickets im Voraus online buchen).

INFORMATION

Office du Tourisme, 1, Place de l'Ancienne Gare, 07150 Vallon-Pont-d'Arc, Tel. 04 28 91 24 10, www.gorges-ardeche-pontdarc.fr

2 UZÈS

Uzès (8000 Einw.) ist ein urprovenzalisches Städtchen mit Platanenboulevard und malerischer Altstadt. Vier Türme dominieren die römische Gründung Ucetia, aus der im Mittelalter ein schmucker Bischofssitz wurde, besonders lebendig beim Samstagsmarkt.

SEHENSWERT

Immer im Blick bleibt die freistehende **Tour Fenestrelle** (12. Jh., 42 m), Überbleibsel der ersten **Cathédrale St-Théodorit;** der heutige Bau stammt aus dem 17. Jh. Besteigen lässt sich die eckige **Tour Bermonde** (12. Jh.), die zur imposanten **Le Duché,** einst herzoglicher Palast mit Renaissancefassade (16. Jh.), gehört (www.uzes.com; Führungen alle 45–60 Min. 10.30–17.10 Uhr). Zahlreich sind die **Hôtels particuliers** (Stadtpalais) in den Gassen zwischen barockem **Ancien Evêché** (Bischofspalast), der arkadengesäumten **Place aux Herbes** und der kastanienbeschatteten **Promenade des Marroniers.**

Köstlichkeiten des Midi auf dem Place-aux-Herbes-Wochenmarkt von Uzès

Der Herzogspalast von Uzès ist ein Bauwerk vieler Jahrhunderte und wird bis heute von der herzoglichen Familie bewohnt

HOTEL UND RESTAURANT

Die **€€€/€€ Hostellerie Provençale** ist ein charmanter Bau mit Dachterrasse, komfortablen Zimmern und gutem Restaurant (1–3, Grande Bourgade, F-30700 Uzès, Tel. 04 66 22 11 06, www.hostellerieprovencale.com).

UMGEBUNG

Der **Pont du Gard** ist ein Aquädukt aus dem 1. Jh. n. Chr. ; zum Besucherzentrum gehören Museum und Kino, in dem Luftaufnahmen gezeigt werden. Der 1,4 km lange botanische Lehrpfad **Mémoire de Garrigue** erklärt die Fauna rund um den Pont du Gard. In Sommernächten setzen Son-et-Lumière-Spektakel den von der UNESCO zur Welterbestätte erhobenen Aquädukt in Szene (www.pontdugard.fr; Bauwerk Juli–Aug. tgl. 9.00–20.00 Uhr, sonst kürzer, Museum und Besucherzentrum eingeschränkt geöffnet).

INFORMATION

Office de Tourisme, 16, Place Albert 1er, F-30700 Uzès, Tel. 04 66 22 68 88, www.uzes-pontdugard.com

„Französisches Rom" wird Nîmes (150 000 Einw.) wegen seiner antiken Bauwerke genannt. Mit dem Carré d'Art als hypermoderne Nachbarschaft zur 2000 Jahre alten Maison Carrée feiert sich Nîmes auch als Nabel der architektonischen Avantgarde. Und bleibt zudem eine Hochburg des Stierkampfs.

SEHENSWERT

Die urspr. keltische Siedlung Nemausus war in der römischen Antike (2. Jh.) Kolonie für verdiente Legionärsveteranen. Die **Arènes,** ein ovaler Kolossalbau, bot bei Gladiatorenkämpfen 25 000 Zuschauern Platz; 1853 gab es hier den ersten Stierkampf (www.arenes-nimes.com; Juli und Aug. tgl. 9.00–20.00 Uhr, sonst kürzer). Anf. Mai wird das Historienspektakel „Les Grands Jeux Romains" mit 500 Gladiatoren-Darstellern aufgeführt. Die **Maison Carrée** (1. Jh.) gilt als der am besten erhaltene Tempel der Augusteischen Klassik (Juli und Aug. tgl. 9.30–20.00 Uhr, sonst kürzer). Das Tor **Porte d'Auguste** am Boulevard Colbert entstand unter Kaiser Augustus um 16 v. Chr.

Die einstige römische Stadtmauer quert heute das Musée de la Romanité in Nîmes

Im Norden der Altstadt steht in den **Jardins de la Fontaine,** einem barocken Lustgarten, die Ruine des Dianatempels aus dem 1. Jh. An der höchsten Stelle ragt zudem die 32 m hohe **Tour Magne** empor, ein Rest der antiken Stadtmauern mit einer herrlichen Aussicht auf die Cevennen und Alpilles (Juli und Aug. tgl. 9.00–20.00 Uhr, sonst kürzer).

Schattige Boulevards umgeben das Altstadtdreieck, das im Mittelalter auf dem Trümmerfeld der antiken Metropole entstand. Innenhöfe und Gassen kennzeichnen den **Ilot Littré,** das ehem. Viertel der Färber, in dem sich ein Restaurant an das andere reiht. An der Place aux Herbes steht die **Maison Romane,** ein in Nîmes seltenes Beispiel romanischer Profanarchitektur. Blickfang am Platz ist jedoch die im Kern romanische **Cathédrale Notre-Dame-et-St-Castor** (Mo.–Sa. 9.00–12.00 und 14.00–18.00 Uhr). Unter den vielen kleinen Plätzen sticht die winzige dreieckige **Place de l'Horloge** mit der Tour de l'Horloge heraus. Spätmittelalterliche und barocke Palais wie das Hôtel Démians (Nr. 4) oder das Hôtel de l'Académie (Nr. 16) prägen die **Rue Dorée.** Parallel dazu verläuft die **Rue des Greffes** mit dem Hôtel de Ville; im Treppenhaus (frei zugänglich) schweben die Wahrzeichen der Stadt – vier Krokodile.

Die Festungsmauern von Aigues-Mortes mit der Tour de Constance

MUSEEN

Mit dem **Musée de la Romanité** pocht Nîmes auf seine Rolle als Nabel der römischen Welt – 25 000 Ausstellungsstücke aus der Antike bis zum Mittelalter unterstreichen den Anspruch (16, Boulevard des Arènes, www.museedelaromanite.fr; Juli und Aug. tgl. 10.00–19.00 Uhr, sonst kürzer). Das **Carré d'Art** beherbergt das Musée d'Art Contemporain mit Gegenwartskunst von Viallet, Polke, Richter, Arman, César (Place de la Maison Carrée; Di.–So. 10.00–18.00 Uhr). Der ehem. Bischofspalast an der Kathedrale wird als **Musée du Vieux Nîmes** genutzt, mit Stadtgeschichte vom Mittelalter bis zur Belle Époque (Places aux Herbes; Di.–Fr. 10.00–18.00, Sa., So. 10.00–18.30 Uhr). Torero-Alltag illustriert das **Musée des Cultures Taurines** (6, rue Alexandre-Ducros; Mai–Okt. Di.–So. 10.00–18.00 Uhr).

VERANSTALTUNG

Zur **Stierkampfsaison** (Feria de Pentecôte zu Pfingsten, Feria des Vendanges Mitte Sept.) herrscht in der Stadt Ausnahmezustand (www.arenesdenimes.com; Tickets 4, Rue de la Violette).

HOTEL UND RESTAURANTS

Im traditionellen **€€ Hôtel de l´Amphithéâtre** steigen zur Feria die Toreros ab (4, Rue des Arènes, F-30000 Nîmes, Tel. 04 66 67 28 51, www.hoteldelamphitheatre.com).

Das **€€/€ Aux Plaisirs des Halles** überzeugt mit Regionalem (4, Rue Littré, www.auxplaisirsdeshalles.com). **€€/€ La Pie qui couette** heißt eine Tapas-Bar, in der es immer voll ist, und das aus gutem Grund (1, rue Guizot, Tel. 04 66 23 59 04; nur 11.30–15.00 Uhr).

EINKAUFEN

In der **L´Huilerie** dreht sich seit 50 Jahren alles um Olivenöl und was man damit machen kann (10, rue des Marchands, https://lhuilerie.com). Spezialität der 1775 gegründeten **Bäckerei Maison Villaret** sind Mandel-Honig-Caladons und Mandel-Zitronen-Croquants (13, Rue de la Madeleine, https://maison-villaret.com).

INFORMATION

Office de Tourisme, 6, Boulevard des Arènes, F-30020 Nîmes, Tel. 04 66 58 38 00, www.nimes-tourisme.fr

Der an einer Römerbrücke entstandene Ort (4600 Einw.) signalisiert mit lachsroten Ziegeln, ockerfarbenen Wänden, Platanencorso und dem Takt des Midi: Willkommen im Süden.

SEHENSWERT

Die **Tour de l'Horloge** ist ein mittelalterlicher Turm auf einem Bogen des **Pont Romain**; die römische ist die ältere der beiden Brücken (um 30 n. Chr.). Eine Passage an der Tour de l'Horloge führt auf die charmante **Place des Docteurs-Dax,** auf der Samstagmorgen Markt gehalten wird. Einen Blick über das Städtchen hat man von der **Tour Bermond,** Rest einer Burg (Urspr. 13. Jh.; Château, www.chateau-sommieres.fr; Mitte Juni bis Anf. Sept. Mo. und Mi.–Fr. 10.00–13.00 und 15.00–19.00, Sa. und So. nur 15.00–19.00 Uhr).

HOTEL UND RESTAURANT

Zimmer und Ferienwohnungen des 400-jährigen **€€ Hôtel de l'Orange** sind antik möbliert (7, Rue

HIMMLISCH

„Himmel von Nîmes" nennt sich das Museumscafé auf dem Dach des Carré d'Art – mit Panoramablick über die lachsfarbenen Dächer der Altstadt und auf die römische Maison Carrée. Die Küche huldigt dem Süden. Nachmittags wird das Lokal zum Salon de Thé mit köstlicher Pâtisserie.

***Ciel de Nîmes,** 16, Place de la Maison Carrée, www.instagram.com/le_ciel_de_nimes/?hl=fr*

des Baumes, F-30250 Sommières, Tel. 04 66 77 79 94, www.hotelorangesommieres.com). Atelierchic regiert in der Brasserie **€€/€ Chez Tibère** (1, Rue Compane, Tel. 04 66 51 32 72, https://brasserie-chez-tibere.eatbu.com).

INFORMATION
Office de Tourisme, 1, Quai Cléon-Griolet, F-30250 Sommières, Tel. 04 66 80 99 30, www.ot-sommieres.fr

5 AIGUES-MORTES

Die „Toten Wasser" (8600 Einw.) sind ein mit vielen Sehenswürdigkeiten gesegneter Ort und Sitz des Besucherzentrums Kleine Camargue. An Leben mangelt es in der im 13. Jh. gegründeten wehrhaften Stadt daher nie.

SEHENSWERT
Die **Tour de Constance** ist Teil der Stadtmauer (13. Jh.); der Zugang erfolgt über den Turm, der im 17. Jh. Gefängnis für Protestanten war (Mai bis Aug. tgl. 10.00–18.15 Uhr, sonst kürzer). Herz der Stadt ist die quirlige **Place St-Louis** mit der gotischen Pfarrkirche **Notre-Dame-des-Sablons** (Urspr. 13. Jh.), deren bunte Neuverglasung von Pop-Art-Künstler Claude Viallat stammt (tgl. 9.00–12.00 und 14.00–17.00 Uhr).

UMGEBUNG
Die **Salins du Midi** (4 km südl.) produzieren in Verdunstungsbecken 90 % des französischen Meersalzes (Route du Grau-du-Roi, www.visitesalinsdecamargue.com; April-Okt. Führungen oder Ausfahrten mit dem Touristenbähnchen). **Le Grau-du-Roi** ist der wichtigste Fischereihafen am französischen Mittelmeer. Palmen, Belle-Époque-Fassaden und ein Leuchtturm sorgen für Charme am Quai Général-de-Gaulle.
Mit **Port-Camargue** entstand ein künstlicher Hafen und der bettenreichste Ferienort der Camargue. Attraktion ist das Seaquarium (Avenue du Palais de la Mer, www.seaquarium.fr; Juli und Aug. tgl. 9.30–23.30 Uhr, sonst deutlich kürzer).
St-Gilles (14 000 Einw.; östl.) war einst Station an der Via Tolosana, der südlichen Jokobspilgerroute. Heute lebt der verschlafene Ort vom Reis, der ringsum angebaut wird, und ein wenig vom Bootstourismus auf dem Canal du Rhône. An Pilgerzeiten erinnert die Abteikirche St-Gilles mit romanischer Krypta und Chor. Der Bildschmuck gilt als einmalig unter den romanischen Sakralbauten Südfrankreichs (Place de la République; Krypta mit Eintritt, Kirche frei, April–Okt. Mo.–Sa. 9.30–12.30 und 14.00–18.00, So. 14.00–18.00 Uhr, sonst kürzer).
Mit etwas Glück gründeln Flamingos im **Étang du Charnier, Étang de Grey** oder **Étang de Scamandre** (8 km südw.). In der Petite Camargue wird im Frühjahr Schilfrohr geschnitten; in **Gallician,** dem Dorf der Schilfschnitter, zeigt das Centre de découverte du Scamandre Ausstellungen zu Fauna und Flora, organisiert Exkursionen in die Petite Camargue (Route de Iscles, www.camarguegardoise.com; Di.–Sa. 9.00–18.00 Uhr).

INFORMATION
Office de Tourisme, Place St-Louis, F-30220 Aigues-Mortes, Tel. 04 66 53 73 00, www.ot-aiguesmortes.fr
Office de Tourisme, 5, place de la République, F-30800 St-Gilles, Tel. 04 66 58 38 00, http://tourisme.saint-gilles.fr

MIT DEM KANU IN DIE ANTIKE

Die Kanu-Tour auf dem Gardon ist ein für jedermann machbares Vergnügen. Unterwegs gibt es viel zu sehen. Uferfelsen, Kieselbänke und Badebuchten – die Schau aber stiehlt der Pont du Gard: Majestätisch türmen sich die Arkaden des höchsten Aquädukts der Antike über dem Wasser auf.

Die spektakulärste Annäherung an den von der UNESCO zum Weltkulturerbe erhobenen Pont du Gard führt über den Gardon. Darin ist der Moniteur von der Kanubasis in Collias sicher. Die Tour aber sei ein Kinderspiel, versichert er. Nur zwei Dinge müsse man beherrschen: Paddel rechts ins Wasser und gegen die Strömung drücken – das Kanu schwenkt nach rechts. Für links das Ganze umgekehrt. Für den Rest sorgt die Strömung: Man lässt sich durch die mal schmale Rinne, mal breite Schlucht, die der Gardon aus dem Fels gefräst hat, einfach flussabwärts treiben.

Am Ufer winken Badende. Auf Ästen sitzen zu Salzsäulen erstarrte Reiher. Eisvögel blitzen blaumetallisch über das Wasser. Nach einer letzten Flussbiegung schält sich plötzlich das antike Steingebirge des Pont du Gard aus dem Immergrün der Kermeseichen heraus. Der Anblick aus der Froschperspektive ist überwältigend. Kein anderer Bau, mit dem die Römer die Provence geprägt haben, kann es an Wirkung mit dem Solitär in grandioser Naturlage aufnehmen. Jetzt muss man bloß noch durchkommen! Doch keine Bange, Bojen markieren die Passage durch einen der Bögen. Ein paar Hundert Meter weiter ist die Stelle am Ufer erreicht, an der der Kajakverleiher mit dem Kleinbus wartet. Geschafft.

Strecke: Collias–Pont du Gard, 8 km

Dauer: ein halber Tag

Bootsverleih: Kayak vert, 8, Chemin de St-Vincent, F-30210 Collias, Tel. 04 66 22 80 76, www.kayakvert.com. Im Angebot sind 8 bis 30 km lange Kanutouren Richtung Pont du Gard. Rückfahrt im Kleinbus. Nur für Schwimmer und Kinder ab 6 Jahren.

a Daurade
Le Gobi

Küste des Languedoc

*

VON DER STADT AN DEN STRAND

*

Montpellier ist die Boomtown des französischen Südens. Viele Franzosen träumen davon, in der Hightech-Metropole mit ihrer hinreißenden Altstadt zu leben. Aufsehenerregende Neubauviertel rücken immer näher an den Strand, wo das Leben für einen langen Sommer zum Fest wird.

Canal Royal in Sète: Aus den Belle-Èpoque-Fassaden ragt das „Grand Hotel" heraus

Montpelliers „Café Joseph“ an der Place Jean-Jaurès

Der bis 1772 errichtete Aquéduc de Saint-Clément wurde dem Pont du Gard nachempfunden. Heute dient er dem Obst- und Gemüsemarkt Marché des Arceaux als Standort

Platz eins bei der Lebensqualität: Montpellier. Größte wirtschaftliche Dynamik: Montpellier. Höchste Punktzahl beim Umweltbewusstsein: dito. Beim jährlichen Städteranking des Magazins „L'Express“ belegt die Boomtown des Languedoc in mehreren Kategorien den Spitzenplatz – wie üblich. Kein Wunder, dass sich durchschnittlich tausend Zuzügler pro Monat in Montpellier niederlassen. Die meisten sind „Dinks“ – double income no kids – aus ganz Frankreich, aber immer mehr auch aus Europa und Übersee. In Montpellier hat sich der Braindrain dank gut bezahlter Hightech-Jobs umgedreht.

Die Stadt braucht folglich Platz für ihre neuen Bewohner. Zielrichtung: der keine zehn Kilometer entfernte Strand. Bis fast ans Wasser fährt die hypermoderne, von Christian Lacroix knallbunt, mit maritimen Symbolen designte Straßenbahn. An der Haltestelle Port Marianne ziehen die blauen und roten, im Kreis aufgestellten Stahltafeln der Installation „Sans titre“ vorbei, ein Werk des Düsseldorfer Künstlers Ludger Gerdes. Dann taucht neben dem Schienenstrang das RBC Design Center auf – den futuristischen Showroom für zeitgenössisches Design hat Jean Nouvel ans Bassin Jacques Cœur gesetzt. Auf der anderen Seite des Lez schimmert blau das neue Rathaus, ebenfalls ein Werk des Stararchitekten, diesmal in Kooperation mit François Fontès. Dazwischen Neubauten, soweit die Bahn auch surrt.

AM ANFANG WAR DIE POSTMODERNE

Der Aufstieg von Montpellier zur südfranzösischen Boomtown begann in den 1980er-Jahren mit dem postmodernen Antigone-Viertel des Katalanen Ricardo Bofill. Fast 40 Jahre später haben namhafte Architekten wie Zaha Hadid oder Sou Fujimoto die Hauptstadt des Languedoc bis fast ans Meer vorangetrieben. Montpellier ist programmatisch auch bei der Bevölkerungsstruktur jung. Zum Universitätsjahr 2023/2024 vermeldete das Studentenmagazin „L'Etudiant“ knapp 80 000 Studenten, macht 18 % der Bevölkerung – und dazu die volle Punktzahl auf der Attraktivitätsskala.

Neuester Nabel der urbanen Revolution ist der Marché du Lez. Zum kreativen Hotspot auf halber Strecke zwischen Altstadt und Strand gehören neben Food Trucks auch Fashion Trucks, eine

Hinter dem Triumphbogen Porte de Peyroux breitet sich beiderseits der Rue Foch Montpelliers Altstadt aus. Der säulengeschmückte Neoklassizismusbau aus den 1850er-Jahren gehört zum Palais de Justice

Montpellier zählt zu den großen Universitätsstädten Frankreichs. Die mehr als 76 000 Studenten – gut jeder vierte Bewohner der Stadt absolviert ein Studium – prägen das Stadtbild (links). Die Musikanten an der Place de la Comédie sind den Studententagen jedoch schon entwachsen (rechts)

MONTPELLIER HAT AUSSERGEWÖHNLICHE BAUTEN – WIE DEN 2019 FERTIGGESTELLTEN „ARBRE BLANC“ DES JAPANISCHEN ARCHITEKTEN SOU FUJIMOTO.

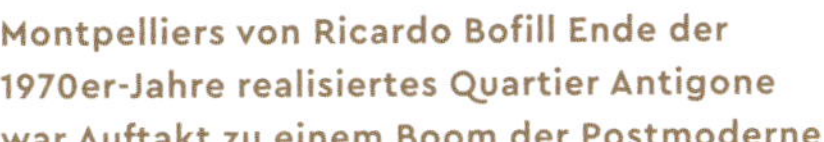

Montpelliers von Ricardo Bofill Ende der 1970er-Jahre realisiertes Quartier Antigone war Auftakt zu einem Boom der Postmoderne

Montpelliers Musée Fabre spiegelt nahezu alle Kunstepochen – hier eine Venus des klassizistischen Bildhauers Lorenzo Bartolini

Brocante für Mid-Century-Design, eine Street-Art-Galerie, ein Boulodrome. Abends zum Apéro brummts auf den Terrassen am Lez. Auf dem Wasser gleiten Stand-up-Paddler in Richtung offenes Meer. Radfahrer flitzen über die Piste parallel zum Ufer. Sollen sie doch! Wir schnappen uns einen Liegestuhl, genießen die laue Luft und nehmen später die Straßenbahn: Die Linie 3 surrt von Haltestelle Pablo Picasso fast geräuschlos in die auch nicht stille Altstadt zurück.

BETON-CHIC

La Grande-Motte kam als Vision zur Welt – der des großen Geldes. Unendlich viel Sand und Meer waren die Voraussetzung für das Grand Projet Languedoc-Roussillon, mit dem Mitte der 1960er-Jahre die Strände westlich der Kleinen Camargue touristisch urbar gemacht werden sollten. Passend zum hochtrabenden Projektnamen fielen die aus dem Sand gestampften Retortenbadeorte ziemlich hochgeschossig aus.

Für La Grande-Motte verpflichtete man als Architekten Jean Balladur. Der Bruder des späteren Ministerpräsidenten Edouard Balladur orientierte sich an mexikanischen Tempelanlagen und am Sixties-Futurismus. 1966 fiel der erste Spatenstich. Zuerst buddelte man ein Riesenloch – den Baggersee Étang du Ponant –, um Kiesel und Bausand zu gewinnen. Von den gigantischen Erdarbeiten sieht man nichts mehr. 30 000 neu gepflanzte Bäume und 400 000 Sträucher schmeicheln dem schicken Beton.

ZURÜCK IN DIE ZUKUNFT

Ein halbes Jahrhundert später stehen die futuristischen Waben- und Pyramidenhäuser wie in Beton gegossene Kleider von Courrèges oder Paco Rabanne am Horizont. Jedem Bewohner einer der unzähligen Wohnwaben ist Sonnenschein garantiert. Die Appartements gelten daher als Beispiele einer gelungenen, weil menschenfreundlichen Moderne. Kontinuierlich wächst die Zahl der Dauerbewohner in der als Ferienort geplanten Stadt, die zum hippsten Badeort des Languedoc aufgestiegen ist. Gut 50 Jahre nach Ankunft der ersten Gäste endet der lange Marsch durch den Beton im Retrofuturismus-Hype.

LECKEREI FÜRS WOCHENENDE

Am Wochenende, so viel weiß Austernzüchter Bertrand David, treibt es die Montpellerins an den Étang de Thau. Die mit dem Mittelmeer durch einen schmalen Durchstich im schützenden Dünenkamm verbundene Lagune im Südwesten der Stadt ist das wichtigste Zuchtbecken für Austern und Muscheln im Languedoc. Bertrand – Ringelshirt, Sonnenbrille – heißt uns in Bouzigues an Bord der „Bleu Marin" zur Tour über den Étang de Thau willkommen.

Wir steuern den Roquerols-Leuchtturm an, der vor der Einfahrt in den Hafen von Sète auf einem Fels thront. An den „Austerntischen" genannten Gestellen, die im tintenblauen Wasser stehen, baumeln Seile. Bertrand zieht ein Seil hoch: Dran sind Jungaustern geheftet. Schon nach rekordverdächtigen zwölf bis 14 Monaten sind die Austern groß genug, um geerntet zu werde. „Das Wasser im Étang ist sehr

SCHON HEMINGWAY ERLAG SEINEM CHARME: SEIN ROMAN „THE GARDEN OF EDEN“ SPIELT AUCH IN LE GRAU DU ROI.

Ende des 19. Jahrhunderts gründeten italienische Einwanderer an der Mündung des Vidourle den Fischerort Le Grau-du-Roi, der heute überwiegend vom Tourismus lebt

reich an Nährstoffen. Wir haben keine Gezeiten, die die Nahrungsaufnahme der Austern unterbrechen“, erklärt der Ostréiculteur das schnelle Wachstum.

BODYBUILDING FÜR AUSTERN

Einer, der seinen Austern Bodybuilding statt Fressen satt verordnet, hat es zum Kult-Austernzüchter gebracht. Tarbouriech-Austern sind riesig, fest im Fleisch, kosten bis zu 12 Euro das Stück und heißen nach ihrem Produzenten: Florent Tarbouriech. Der smarte Austernzüchter aus Marseillan lässt seine Austern mit von Solarkraft betriebenen Geräten regelmäßig aus dem Wasser hieven. Mit dem Manöver wird das Spiel von Ebbe und Flut imitiert. Die Austern öffnen und schließen sich zum Schutz vor Sonne und Wind entsprechend oft und werden auf Diät gesetzt. Beides tut ihnen sichtlich wohl. Das Fleisch der Auster wird fester, die Schale dicker, das Perlmutt porzellanweiß mit leichten Rosatönen. Die Luxusauster gibt es in der Kleinversion im schicken Siebenerpack „Seven“ oder in der Jumbogröße als „Huîtres spéciales N°1“ im blassrosa Spanholzkistchen.

Besser aber, man probiert sie im „Le St-Barth“. Die coole Austernbar wird von Tarbouriechs Sohn Romain und seiner Frau Florie am Ufer des Étang de Thau betrieben. Einen Sundowner-Blick auf die Salzlagune gibt es zum Gläschen Picpoul inklusive.

Wochenmarkt in Agde mit köstlichen Oliven

Der kilometerlange Strand Plage Robinson in Marseillan-Plage, einem 1947 gegründeten Familien-Ferienort

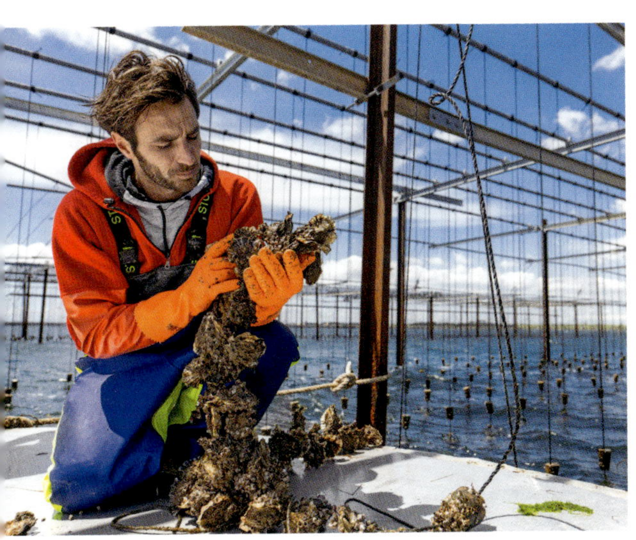

Der Étang de Thau ist seit mehr als 100 Jahren eine Hochburg der Austernzucht – die bei den Tarbouriechs sorgfältig kontrolliert wird. Was im Étang heranwächst, wird beispielsweise in Bouzigues im „Chez la Tchèpe" so appetitlich angerichtet

Maritime Köstlichkeiten in der Markthalle von Sète

KAIS UND KANÄLE

Die Insellage zwischen dem Étang de Thau und dem Mittelmeer macht's: Sète gilt als „Venedig des Languedoc". Die Kanäle im Stadtbild tun ein Übriges. Längs der Kais reihen sich pompöse Belle-Époque-Fassaden. Etwas weiter in Richtung Altstadt brummt es in der Markthalle, deren hypermoderne Metallhaut an eine Austernschale erinnert. Seeigel liegen auf einem Glitzerbett aus Eis. Den besten Schinken gibt es bei Thierry Carrie – mit Wurst und Schinken aus eigener Herstellung. Die besten Tielle, eine Art Flan mit einer Füllung aus Tintenfisch, Tomaten und Thymian, verkauft „Giulietta". Man isst sie kalt oder warm, aber immer aus der Hand.

FISCH AUF KNOPFDRUCK

Nachmittags gegen vier drängeln sich am Quai Maximin Licardi die Kühllaster vor der Criée aux Poissons. Männer mit einem Schlüssel in der Hand,

WAS DIE FISCHER VON SÈTE ANLANDEN, WIRD SOFORT IN ATEMBERAUBENDEM TEMPO VERSTEIGERT.

Bei den Tarbouriechs lassen sich die hier gezüchteten edlen Muscheln gleich verkosten: im „Le St-Barth"

der den Zugang zu einem der festen Plätze in der Fischversteigerungshalle gewährt, bahnen sich ihren Weg durchs Gedrängel. Von den Plätzen kann man per Knopfdruck den Kauf von Doraden, Barsch, Thunfisch besiegeln, die von den Trawlern am Kai angeliefert werden. Über 130 Fischarten kommen übers Jahr zum Aufruf.

Kein Wunder, dass in Sète gut gegessen wird, so auch im coolen Uferrestaurant „Chez Lanchois". Wo der Canal du Rhône, der Sête mit Montpellier verbindet, in die Lagune mündet, stehen vor einer Halle ein paar verblichene Tische. Drinnen hängen vietnamesische Papierlampions über der aus einem Bootsrumpf gebauten Theke. Joshua Choukroun, hat Tintenfischsalat mit geräucherten Chilischoten und Barschtartar mit Mangos auf die Schiefertafel gesetzt. „Globetrotter-Küche" nennt der 34-jährige Patron und Koch seine Angebote, die ganz auf das bauen, was im Hafen angelandet wird.

Im „Aqui sian ben" am Canal de Sète kann der Tag wunderbar ausklingen

EIN HAUCH VON ITALIEN MITTEN IN FRANKREICH, DER ZEIGT SICH IN SÈTE.

Cap d'Agde

SEX ON THE BEACH

Agde gilt dank seines Strandablegers Cap d'Agde als größter Badeort Frankreichs. Und hat ein Imageproblem. Die Stadt kämpft nicht nur mit der höchsten Arbeitslosigkeit im Land, sein Strand ist als „Schweinebucht" verrufen. Denn das Nudistenparadies ist eins, das von sexueller Freizügigkeit bedroht wird.

Strandclub „Jungle Beach" in Cap d'Agde

Nackt auf dem Fahrrad, kleiderlos im Supermarkt, oben und und unten ohne am Strand: Für den französischen Schriftsteller Michel Houellebecq, der viele Sommer in Cap d'Agde verbracht hat, ist die allgemeine Nacktheit und Toleranz gegenüber sexueller Freizügigkeit „sozialdemokratisch". In seinem Roman „Elementarteilchen" feiert die Hauptperson Bruno in der größten Nudistenkolonie der Welt Strandorgien.

40 000 Gäste tummeln sich zur Hauptsaison im Village Naturiste, einem FKK-Dorf, das dank Bank, Postamt, Arztpraxen wie eine Stadt in nackt funktioniert. Dass nur ein geringer Teil an den Ausschweifungen teilnimmt, geht in den Skandalnachrichten allerdings unter.

HAUPTSTADT DES FREIEN SEX

Die britische Tageszeitung „Independent" brachte es auf den Punkt: „Wenn die Sonne scheint, dann verwandelt sich ein Teil von Cap d'Agde in die europäische Hauptstadt des freien Sex." Was Cap d'Agde als Reiseziel etwa für Familien mit Kindern oder Strandurlauber, die die ostentativ zur Schau gestellte Freizügigkeit stört, unmöglich macht. Bürgermeister Gilles d'Ettore, der mit einer rekordträchtigen Arbeitslosenrate von über 14 Prozent zu kämpfen hat, und die Internationale der Libertins als willkommene, weil zahlende Gäste zu schätzen weiß, hält sich wacker jede Kritik vom Leib. „Ich kann doch nicht den Papst spielen, ich bin Bürgermeister und nicht die Sittenpolizei", konterte der Zweiundfünfzigjährige. Und weiß, dass man auch einem nackten Mann in die Tasche greifen kann: „Der Arbeiter von Renault macht so was nicht, das sind eher beispielsweise Anwälte oder Unternehmenschefs." Die vor fünfzehn Jahren eröffneten Swingerclubs und Stundenhotels sind als Steuerquellen jedenfalls willkommen.

NUDISTEN GEGEN SWINGER

Zugleich steigt der Groll auf Seiten der französisch Naturistes genannten Nudisten, die Cap d'Adge vor Jahrzehnten als FKK-Reiseziel groß gemacht haben und eigentlich nur eins wollen: nackt in der Sonne leben. „Wir wollten ein natürliches Leben. Jetzt sind wir von wilden Tieren umgeben", klagte eine Bewohnerin im „Independent" über die Welle der Voyeuristen, Exhibitionisten und Swinger, die seit eineinhalb Jahrzehnten über Cap d'Agde schwappt.

Bei Gesprächen mit der Stadtverwaltung beschweren sich die alteingesessenen Naturisten über aufdringliche Gäste und solche, die an einem Strandabschnitt, der als „Baie des Cochons" (Schweinebucht) verrufen ist, Sex unter freiem Himmel praktizieren. Für Bürgermeister Gilles d'Ettore aber kann seine Stadt nichts für gesellschaftliche Trends. Und betont, dass schließlich alles an fest begrenzten Orten und nur mit dem Einverständnis aller Beteiligten geschehe.

Plage Naturiste in Cap d'Agde

Ein 2 km langer feiner Sandstrand in Cap d'Agde ist FKK-Anhängern vorbehalten

P.N. Régional des Grands-Causses
Plateau de Guilhaumard
Montagne de la Séranne
Montagne de la Celette
Montagne de la Gardiole
MONTPELLIER
LUNEL
Mauguio
la Grande-Motte
Aigues-Mortes
Palavas-les-Flots
Frontignan
SÈTE
Mèze
Bassin de Thau
Agde
Pézenas
Clermont-l'Hérault
Lodève
Bédarieux
Hérault
BÉZIERS
Capestang
Golfe du Lion
Maßstab 1:390.000
0
5
10km
1
2
3
4
5
6

A LA PLAGE, A LA PLAGE!

Endlos erscheinende Sandstrände, Dünen und Salzwasserlagunen, dazwischen in Beton gegossene Träume eines „europäischen Florida": So sollte die südliche Mittelmeerküste vermarktet werden. Geblieben ist Aufbruchstimmung, allem voran in Montpellier. Die Metropole des Languedoc prescht mit kühner Architektur vor – in Richtung Strand.

1 MONTPELLIER

Die im 10. Jh. gegründete Hauptstadt des Languedoc ist Klassenbeste beim Ranking der lebenswertesten Städte in Frankreich (303 000 Einw., 499 700 in Metropolregion). Die Stadt mit dem dynamischsten Bevölkerungszuwachs des Landes schickt Stararchitekten auf die Baustelle.

SEHENSWERT

L´Écusson, „Wappen", wird die fast autofreie Altstadt wegen ihres Grundrisses genannt. Als große Freilichtbühne dient die **Place de la Comédie** mit Belle-Époque-Oper (1888) und der Brunnenanlage La Fontaine des Trois Grâces von 1776. Das „Wappen" wird von der eleganten **Rue Foch** durchschnitten. Nach Westen riegelt ein zu Ehren Ludwigs XIV. erbauter **Arc de Triomphe** (1691) die Achse ab. Die spätbarocke **Promenade du Peyrou** mit Reiterstandbild des Sonnenkönigs ist die grüne Verlängerung der Rue Foch. Heimelig wirkt die **Place de la Canourgue** mit Rosengarten, Cafés und Adelspalais. Die gotische **Cathédrale St-Pierre** (Urspr. 14. Jh.) mit imposantem steinernen Vordach war urspr. eine Benediktinerkirche. In der **Rue de l'Ancien Courrier** reihen sich Palais des 16. bis 18. Jh. (Hôtel Lecourt, Nr. 13); in viele der Prachtdomizile sind Edelboutiquen eingezogen.
1800 m lang ist die Hauptachse von **Antigone,** der postmodernen Monumental-Neustadt. Durch das Neubauviertel **Port-Marianne** weht dank des von Palmen gesäumten Bassin Jacques Cœur ein Hauch von Hafenromantik; zum Viertel gehören die Eissporthalle Végapolis (www.vegapolis.net), das Planetarium Galilée und das Aquarium Planet Ocean (www.planetoceanworld.fr; Kernöffnungszeit Di.–So. 10.00–18.00 Uhr).

Montpellier: Architekturkontraste an der Place de la Comédie

MUSEEN

Das **Musée Fabre** zeigt Werke aller großen Kunstströmungen und Maler des 16. bis 21. Jh. (39, Boulevard Bonne Nouvelle, www.museefabre.fr; Di.–So. 10.00–17.00/18.00 Uhr). Angegliedert ist das **Musée des Arts décoratifs** (Kunstgewerbe) im Hôtel de Cabrières-Sabatier-d'Espeyran (1875) mit Möbeln, Keramik und Silberschmiedearbeiten aus dem 18. und 19. Jh. (6 bis, Rue Montpellieret; Di., Sa. und So. 14.00 bis 18.00 Uhr). Das im Kern mittelalterliche Hôtel de Varennes beherbergt das **Musée du Vieux Montpellier** zur Stadtgeschichte (Place Pétrarque; Di. bis So. 10.00–13.00 und 14.00–18.00 Uhr). Das **Musée du Fougau** im selben Gebäude ist ein Heimatmuseum mit Trachten und altem Handwerk (Mi. und Do. 14.00–17.00 Uhr). Montpelliers größtes Stadtpalais, das spätmittelalterliche Hôtel des Trésoriers de France, zeigt als **Musée Languedocien** Kunstwerke der Region (7, Rue Jacques Cœur; wegen Umstrukturierung noch bis 2025 geschl., auf Anfrage besuchbar)..

EINKAUFEN

Im **Käseladen La Cloche à Fromage** sind Roquefort und Tomme du Larzac auf den Punkt gereift (23, Rue St-Guilhem). Berühmt ist für nostaligisches Spielzeug, Kuriosa und Zauberzubehör die Boutique Pomme de Reinette – auch was für Erwachsene! (33, rue de L´Arguillerie).

VERANSTALTUNG

Das **Tanzfestival Montpellier Danse** bringt die besten Choreografen und Ensembles der Welt zusammen (www.montpellierdanse.com; Anf. Juni–Anf. Juli).

Mitten in der Altstadt: Montpelliers Place de la Canourgue

Montpelliers jüngster In-Treff: Marché du Lez mit Essen vom Food Truck

HOTEL UND RESTAURANTS

Im **€€€€/€€ Grand Hôtel du Midi** kontrastieren moderne Zimmer mit Pomp der Belle Époque (22, Boulevard Victor-Hugo, F-34000 Montpellier, Tel. 04 67 92 69 61, www.grandhoteldumidimontpellier.com). Von der Frühstücksterrasse des 400 Jahre alten Baus **€€€/€€ Guilhem** ist das Altstadtpanorama umwerfend (18, Rue Jean-Jacques-Rousseau, F-34000 Montpellier, Tel. 04 67 52 90 90, www.leguilhem.com).
Im **€€/€ Anga** wird mit regionalen Zutaten modern gekocht (10, rue St-Firmin, Tel. 04 67 02 71 62). Auch im szenigen **€ Café de la Panacée** zeigt die Küche sehr kreative Ideen (14, Rue de l'École de Pharmacie, Tel. 04 99 63 45 68).

INFORMATION

Office de Tourisme, 30, Allée Jean-de-Lattre- de-Tassigny, F-34000 Montpellier, Tel. 04 67 60 60 60, www.montpellier-frankreich.de

2 LA GRANDE-MOTTE

Der im Betonfuturismus der 1960er-Jahre aus dem Sand gestampfte Badeort (8900 Einw.) trägt das Label „Kulturerbe des 20. Jahrhunderts". An dem 7 km langen Sandstrand gibt es Sonne, Sand und Meer ohne Ende und Enge.
Markantes Wahrzeichen sind die Pyramiden-Appartementhäuser von Jean Balladur am Jachthafen. Am Point Zéro gilt der raue Faltenbeton des Bâtiment Poisson als Architekturikone.

HOTEL
Das **€€€/€€ Le Prose** im Futurismusstil wurde mit aktuellem Design aufgefrischt (277, Allée du Vaccarès, 34280 La Grande-Motte, Tel. 04 67 02 02 05, http://le-prose.fr).

UMGEBUNG
Die Caféterrassen, Kais und Kutter von **Palavas-les-Flots** (12 km westl.; www.ot-palavaslesflots.com) überragt der 34 m hohe Phare de la Méditerranée (Aussichtsplattform tgl. 10.00–24.00 Uhr). Die romanische Cathédrale de **Maguelone** 4 km westl. (11./12. Jh.; 9.00–18.30 Uhr) hat Wehrkirchencharakter.

INFORMATION
Office de Tourisme, 55, Rue du Port,
34280 La Grande-Motte, Tel. 04 67 56 42 00,
www.lagrandemotte.com

La Grande-Motte: Wahrzeichen der Stadt sind die vom Architekten Jean Balladur entworfenen Pyramiden

3 SÈTE

Die frühere Festungsstadt (43 500 Einw.) ist ein umtriebiges Fischereizentrum an der Mündung des Canal du Midi ins Mittelmeer. Kanäle und Kais prägen das Stadtbild.

SEHENSWERT
Belle-Époque-Fassaden und das Art-déco-Palais der patrizierähnlichen Seekonsuln (Palais Consulaire, 1928) reihen sich am **Canal Royal.** Ein Schuss Italianità bestimmt das Leben im Viertel am Zugang des Canal zum Étang de Thau; was auch für das Quartier Haut über der rechten Hafenseite gilt. Hinter dem Betonungetüm der **Criée** (Fischauktionshalle) am Quai Maximin Licciardi legen am späten Nachmittag die Fischtrawler an. Der **Mont St-Clair** überragt mit 182 m Stadt und Hafen; hinauf geht es über steile Treppen.

MUSEEN
Im **Musée International des Arts Modestes** (MIAM) präsentieren die in Sète lebenden Pop-Art-Künsler Hervé Di Rosa und Bernard Belluc skurrile Installationen (23, Quai Maréchal-de-Lattre-de-Tassigny, www.miam.org; April–Sept. tgl. 9.30–19.00, sonst Di.–So. 10.00–12.00 und 14.00–18.00 Uhr). Im **Musée de la Mer** dreht sich alles um den Hafen seit seiner Gründung im 17. Jh. (Rue Jean-Vilar; April–Nov. tgl. 9.30–18.00, sonst Di.–So. 10.00–18.00 Uhr).

ERLEBEN
Schiffstouren mit Sète Croisières auf dem Étang de Thau oder dem Meer (Quai du Général-de-Gaulle, www.sete-croisieres.com).

VERANSTALTUNG
Die **Fête de la St-Pierre** am Tag von Peter und Paul (Anf./Mitte Juli) wird mit Prozession, Ball und Fischerstechen gefeiert, am Tag des hl. Ludwig, des Schutzpatrons von Sète (25. Aug.), das Finale der Joutes (Fischerstechen).

HOTEL UND RESTAURANT
€€ Le Grand Hôtel ist ein Belle-Époque-Hotelkoloss (17, Quai de Tassigny, F-34200 Sète, Tel. 04 67 74 71 77, www. legrandhotelsete.com).
Das Neo-Bistro **€€ Paris Méditerranée** serviert Mittelmeerküche im Bistro-Ambiente (47, Rue Pierre-Semard, Tel. 04 67 74 97 73).

UMGEBUNG
Europas größte Salzwasserlagune, der **Étang de Thau** (20 km lang, 5 km breit), ist das größte Zuchtbecken für Austern und Muscheln an der französischen Mittelmeerküste. Umschlagplatz ist **Bouzigues** (www.bouzigues.fr); das Musée de l'Étang de Thau (Quai du Port de Pêche, https://patrimoine.agglopole.fr/musee-de-le tang-de-thau; Juli und Aug. tgl. 10.00–13.00 und 15.00–19.00, sonst Di.–So. 10.00–12.00 und 14.00 bis 18.00 Uhr) berichtet über die Zucht von Huîtres und Coquillages seit 1908.
An den Kais von **Marseillan** (www.marseillan.com) ankern Hausboote – der Canal du Midi mündet hier in den Étang. Einen Besuch lohnen die Chais de Noilly Prat; hier reift der Wermut-Aperitif in Fässern, die der Sonne ausgesetzt sind (1, Rue Noilly, www.noillyprat.com; Führungen Mai–Sept. tgl. 10.00–19.00, März, April und Okt. bis Dez. tgl. 10.00–12.00 und 14.30–17.30 Uhr). **Marseillan-Plage** profitiert vom langen Dünenstrand, der die Lagune vom offenen Meer trennt.

INFORMATION
Office de Tourisme, 60, Grand'Rue Mario Roustan, F-34200 Sète, Tel. 04 86 84 04 04,
www.tourisme-sete.com

AGDE

Wahrzeichen der von antiken Griechen gegründeten Hafenstadt (27 000 Einw.) ist die basaltschwarze Ufersilhouette. Zur „Schwarzen Perle des Languedoc" gehören der Fischereihafen Le Grau d'Agde und der Strandableger Cap d'Agde mit Europas größtem Nudistendorf.

SEHENSWERT
Die **Cathédrale St-Étienne** (Urspr. 12. Jh.) mit ihren schwarzen Zinnen wirkt wie eine Burg Gottes (Quai du Capitre; 9.00–18.00 Uhr). Das **Quartier La Glacière** war die Keimzelle der Stadt mit Resten griechischer Festungsmauern und dem Hôtel de Ville aus Renaissance und Barock. Das **Quartier Le Bourg** mit St-Sever (15. Jh.) und der urspr. romanischen Basilika St-André entstand im Mittelalter auf zwei antiken Friedhöfen.

MUSEEN
Das in einem Renaissance-Palais untergebrachte **Musée Agathois** zeigt etruskische und griechische Funde, Navigationsobjekte, Exvotos der Fischer, Trachten (5, Rue de la Fraternité; Juli bis Aug. tgl. 10.30–13.00, 15.00–19.00, sonst Di.–Sa. 10.00–12.30, 13.30–17.30 Uhr). Attraktion des **Musée de l'Ephèbe et de L´Archéologie sous-marine,** in dem Unterwasserfunde ausgestellt sind, ist die auf dem Grund des Hérault gefundene spätgriechische Bronzestatue Ephèbe (Mas de la Clape; Sommer 10.30–13.00, 15.00 bis 19.00, sonst 10.00–12.30, 13.30–17.30 Uhr).

INFORMATION
Office de Tourisme, Place de la belle Agathoise, F-34300 Agde, Tel. 04 67 31 87 50,
www.capdagde.com

PÉZENAS

An die 50 Palais aus dem 16. und 17. Jh. bilden den architektonischen Reichtum der damaligen Hauptstadt des Niederen Languedoc (9000 Einw.), eine Gründung bereits vorchristlicher Zeit. 1650–1657 lebte Molière mit einer Schauspieltruppe in Pézenas.

SEHENSWERT
Herz der Stadt ist die **Place Gambetta** mit der prachtvollen barocken Maison Consulaire. Im Hof des **Hôtel d'Alfonce** (32, Rue Conti) hatte 1655 Molières „Médecin Volant" Premiere – heute kann man sich dort in luxuriösen Gästezimmern einmieten. Weitere prachtvolle Stadtpalais sind das **Hôtel des Montagut** (Rue François Oustrin) und das elegante **Hôtel Malibran** (Rue Denfert-Rochereau). Das **Theater** in der Rue Henri Reboul Nr. 7 ist ein Juwel von 1804 (Besichtigung über Office de Tourisme).

MUSEEN
Im Hôtel de Peyrat erklärt das **Centre d´Interprétation de l´Architecture et du Patrimoine** das städtebauliche Erbe (Place des Etats-du-Languedoc; Juli und Aug. Mo.–Sa. 9.00–19.00,

ANTIQUITÄTEN- UND TRÖDLERMEILE

Zwei Dutzend Brocantes und Magasins d'Antiquités, die meisten längs der Straße nach Béziers (D 931, Avenue Aristide Briand/ Avenue de Verdun) machen Pézenas zur größten Antiquitäten- und Trödlermeile des Département Hérault.

www.antiquaires-pezenas.com

Canal du Midi bei St-Nazaire-d'Aude

So. 10.00–19.00 Uhr, sonst kürzer). Das **Musée Vulliod-St-Germain** spiegelt den Wohlstand im 16. und 17. Jh. (3, Rue Albert-Paul Alliès; Juli und Aug. Di.–So. 10.00–12.00 und 15.00–19.00, Febr. bis Juni und Okt.–Mitte Nov. Di.–So. 10.00–12.00 und 14.00–17.30 Uhr).

UMGEBUNG
Die 1138 gegründete **Abbaye de Valmagne** (15 km nordöstl.) ist ein Meisterwerk der Languedoc-Romanik und -Gotik. Heute dient die Abtei als Weingut mit Ferme-Auberge (Villeveyrac, www.valmagne.com; Mitte April–Sept. Di.–So. 10.00 bis 19.00, sonst Di.–Sa. 14.00–18.00 Uhr, Ferme-Auberge Mitte April–Sept.).

INFORMATION
Office de Tourisme, 20, Place du 14 Juillet, F-34120 Pézenas, Tel. 04 67 98 36 40, www.capdagde.com/20-stadte-und-Dorfer/pezenas-3

BÉZIERS

Die auf frühe gallische Zeiten zurückgehende Stadt (77 000 Einw.) bleibt ein Synonym für die trägen Wonnen des Midi – charmant, wenn auch etwas verschlafen. Hektisch wird es nur, wenn der Rugby-Verein ein Heimspiel hat oder die Stierkampfarena zur Corrida geöffnet wird.

SEHENSWERT
Die **Cathédrale St-Nazaire,** im Kern romanisch, wurde im 15. Jh. gotisch wiederaufgebaut. Vom **Jardin des Evêques,** dem bischöflichen Garten, schweift der Blick weit in die Ferne. Das Herz der Stadt ist die von Platanen beschattete **Allées Riquet.** Die **Markthalle** (1891) ist dem Pariser Pavillon Baltard nachempfunden (Place P. Semard). Weiter nördlich erhebt sich die romanische **Kirche Ste-Madeleine** (Urspr. 11. Jh.).

MUSEEN
Das Palais Hôtel Fabrégat (19. Jh.) ist Sitz des **Musée des Beaux-Arts** (Place de la Révolution; zzt. geschl.) mit französischer Malerei vom 15. Jh. bis zur Gegenwart, u.a. Werke von Delacroix, Géricault, auch Holbein und Rubens. Das barocke **Hôtel Fayet** bildet mit seinen Gemälden und Skulpturen mediterraner Künstler von 1830 bis 1930 eine Außenstelle (9, Rue du Capus; 9.30 bis 12.00, 13.30–17.30, Juni–Sept. 11.00–18.00 Uhr).

UMGEBUNG
Die Schleusentreppe **Écluses de Fonsérannes** (3 km südw.), heute elektrifiziert, gilt als technisches Meisterwerk des Canal du Midi.

INFORMATION
Office de Tourisme, 2, Place Gabriel Péri, F-34500 Béziers, Tel. 04 99 41 36 36, www.beziers-mediterranee.com

VON DER KATHEDRALE AN DIE STRANDBAR

Eine Wanderung um den Étang du Prévost führt von der Cathédrale de Maguelone an den Strand. Die romanische Kirche ist trotz ihres Namens seit 1536 keine Kathedrale mehr. Dafür ist der Strand einer mit Bars.

Von Villeneuve-lès-Maguelone führt eine Deichstraße (D 185E) zum Parking du Pilou am Canal du Rhône à Sète. Jenseits der Kanalbrücke (geöffnet 9.00–18.00 Uhr) beginnt die von Bäumen beschattete Zufahrt zur Cathédrale von Maguelone. Weinreben reichen bis an das wehrhafte Gemäuer. Als die romanische Kirche um 1170 vollendet wurde, stand sie noch auf einer Insel. Seit dem 18. Jahrhundert verbindet ein Deich die Kirche mit dem Strand.

Apropos Strand. Für ein paar Kilometer heißt es nun Wasser links: das tintenblaue Mittelmeer, Wasser rechts: der silbriggraue Étang du Prévost mit Dünengürtel davor. Bleibt noch die Frage, in welcher Strandbar man eine Pause machen möchte. Unser Tipp: „Le Zénith Plage", wo es Tapas und Wein aus der Umgebung gibt.

Am Ortsrand von Palavas-les-Flots folgt man der Avenue de l'Evêché de Maguelone bis zu einem Kreisverkehr, von dem es über die Promenade Hélène am Ufer des Étang du Prévost zum Rond-point de l'Europe geht. Für ein kurzes Stück folgen wir der D 986, dann geht es auf Höhe der Kanalbrücke über den Canal du Rhône à Sète auf den Treidelpfad, der zum Parkplatz zurückführt.

Start und Ziel: Parking du Pilou am Canal du Rhône à Sète, am Ende der D 185E (April–Sept. 4 €)

Ausrüstung: Wasser, Badehose, Kopfbedeckung, Sonnenschutz

Länge und Dauer: ca. 10 km, 3 Std.

Strandbar: Le Zénith Plage, www.ot-palavaslesflots.com/de/touristic_sheet/zenith-plage-palavas-les-flots-de-2668421; Mai–Sept. tgl. 9.00–23.00 Uhr

Katharerland

*

KETZER UND KAPITÄNE

*

Carcassonne überflügelt alle anderen Sehenswürdigkeiten – dicht gefolgt von den Châteaux Cathares, den Katharerburgen. Der Canal du Midi ist die unter Hausbootkapitänen beliebteste Wasserrinne Frankreichs. Doch es bleibt viel Weite von den tiefgrünen Bergketten der Montagne Noire bis zur sonnendurchglühten Aude-Ebene.

Château de Quéribus: Seit dem 11. Jahrhundert krönt die lange Zeit als uneinnehmbar geltende Burg eine steile Felsspitze in den südlichen Corbières

Carcassonne: Aus dem Garten des „Hôtel de la Cité" fällt der Blick auf das Château Comtal. Die im 12. Jahrhundert errichtete Grafenburg, heute interessantes Museum, gleicht einer Festung in der Festung

Plastikschwerter hauen imaginäre Feinde in Stücke. Eine auf Burgfräulein kostümierte Laiendarstellerin zieht mit dem Smoothie in der Hand zum nächsten Auftritt beim Mittelalterspektakel. Die Luft ist schwer vom süßlichen Duft der Crèpes und fettigem Dunst aus der Fritteuse. Bitte die Fassung bewahren! Denn La Cité, die mittelalterliche Oberstadt von Carcassonne, ist bei allen Auswüchsen, die der Ansturm von ein paar Millionen Tagesbesuchern jährlich mit sich bringt, ein absolutes Muss. 52 Türme, drei Kilometer lückenlose Stadtmauer, stattliche Tore, krumme Gassen, Pechnasen und eine gräfliche Burg küren die Cité zu Europas besterhaltener Festungsstadt des Mittelalters.

Dabei ist nicht alles so alt wie der schöne Stein vortäuscht. Im 19. Jahrhundert ließ der vom Staat zur Rettung historischer Bauten beauftragte Eugène-Emmanuel Viollet-le-Duc hier eine Turmhaube aufsetzen, dort eine Pechnase hinzufügen, bis das Mittelalter perfekt schien. Walt Disney war später so begeistert, dass er Carcassonne als Vorlage für Dornröschens Zeichentrickburg wählte.

Wie berückend schön das zum Welterbe der UNESCO zählende Ensemble ist, begreift man mit etwas Distanz. Von der Porte Narbonnaise, dem wehrhaften Hauptportal, sind es nur ein paar Fußminuten durch die Weinberge. Prompt sind Souvenirboutiquen und Besucherheerscharen vergessen. Wie

In den engen Gassen der Cité von Carcassonne reihen sich die Souvenirläden (links). Wochenmarkt auf der Place Carnot in Carcassonnes Unterstadt (rechts)

Carcassonnes Ville Bas: Gemütlichkeit erwartet den Besucher beim Likör- und Aperitif-Hersteller Cabanal

Eine Oase der Ruhe in der quirligen Betriebsamkeit der Cité von Carcassonne: „Hôtel de la Cité“

Am Gebirgsfluss zu Füßen der Monts de l'Espinouse liegt Olargues, das mit rumpeligen Gassen, Templerkomturei, mittelalterlicher Teufelsbrücke zum Kreis der „schönsten Dörfer Frankreichs" zählt.

Zwischen Toulouse und dem Étang de Thau sind heute noch 63 Schleusen in Betrieb: Canal du Midi mit den Écluses de Treboul (oben) und den Écluses de Fonfile (unten)

in einem mittelalterlichen Stundenbuch lugt die zinnengekrönte Cité aus dem Grün. Na also!

STILLE LEBENSADER DES MIDI

Ein Platanenband schlingert durch die Weinberge der Corbières und des Minervois, immer parallel zur Aude, quetscht sich an der Unterstadt von Carcassonne vorbei, wo eine kleine Armada von Hausbooten vertäut ist, und verschwindet mit weiten Kehren in der Ebene des Lauragais, um Kurs auf Toulouse zu nehmen. Zwischen den Stämmen glitzert der Canal du Midi, die träge Lebensader Okzitaniens.

Die Idee, mittels eines Kanals die Häfen des Mittelmeers mit denen des Atlantiks zu verbinden, soll Paul Riquet bei Ausflügen in die wasserreiche Montagne Noire gekommen sein. Die Idee des königlichen Steuerbeamten aus Béziers: Der Canal entre deux mers, wie der Canal du Midi ursprünglich hieß, sollte aus dem aufgestauten Wasser der Bergbäche und -flüsse gespeist werden. Der Sonnenkönig ließ sich überzeugen und gab Riquet grünes Licht. 1666 erfolgte der erste Spatenstich für die 240 Kilometer lange Wasserrinne. In den nächsten 15 Jahren beschäftigte Riquet 12000 Arbeiter, ließ zwei Talsperren errichten, den Hafen von Sète anlegen, die Fahrrinne graben, 64 Schleusen, 126 Brücken, sieben Brückenkanäle, 55 Aquädukte, eine Handvoll Tunnel bauen und über 42000 Platanen anpflanzen. Als der Kanal zwischen dem Bassin de Thau und Toulouse 1681 eröffnet wurde, war Riquet pleite.

Der Anschluss an die Häfen am Atlantik wurde erst im 19. Jahrhundert fertiggestellt. Dann versetzte die Eisenbahn der Kanalschifffahrt den Todesstoß. Seine Renaissance erlebte der Canal du Midi erst im Zeitalter der Freizeitgesellschaft. Kein Wasserweg Frankreichs ist unter Hobbykapitänen beliebter als Riquets Lebenswerk.

HAUPTSTADT DER RÖMER

„Die Rue Cabirol folgt genau dem Verlauf der römischen Via Domitia!“, ereifert sich Vincent Pousson, der ein abbruchreifes Haus in der Gasse saniert hat. Narbo Martius hieß die Hauptstadt der römischen Provinz Gallia Narbonensis, aus der Narbonne wurde. Vincent ist Herausgeber eines Weinmagazins, doch in erster Linie ein Narbonnais. Das Haus des bärtigen Multitalents liegt im Quartier de Bourg, der Narbonner Keimzelle. Noch stehen einige Häuser in der Nachbarschaft leer. „In den sechziger und siebziger Jahren drängte alles raus aus der mittelalterlichen Gassenenge, ran ans Mittelmeer,“ erklärt Vincent, „aber jetzt ist es vielen zu turbulent am Strand geworden.“ Ihm übrigens auch.

Das Signal für den Umkehrtrend gab der ehemalige Bürgermeister und spätere Stadtrat Michel Moynier. Der Lokalpolitiker schrieb sich die Wiederauferstehung des ältesten Platzes der Stadt auf die Fahnen. Die Place Bistan, einstmals das antike Forum, bot ein heruntergekommenes Bild, Leerstand und aufgerissenes Pflaster inklusive. Moynier ließ sa-

Canal du Midi am Mas-Saintes-Puelles bei Castelnaudary (links) und bei Saint-Nazaire-d'Aude (rechts)

nieren, überzeugte private Investoren. Heute reihen sich Cafés und Boutiquen am neu gepflasterten Platz. Ein paar Schritte weiter wurde bei Ausgrabungen das Horreum freigelegt, ein unterirdisches Weinlager aus dem ersten nachchristlichen Jahrhundert. Und so darf sich Narbonne als „Wiege des französischen Weinbaus" feiern.

LA VIE EN ROSE

Wasser links, Wasser rechts. Flamingos gründeln im seichten Nass, das an den Felsen eine Salzkruste hinterlässt. Die Deichstraße von Peyriac-de-Mer nach Bages folgt dem amphibischen Westufer des Étang de Bages et de Sigean. Erst seit Mitte der 1960er-Jahre ist die 5500 Hektar weite Salzlagune malariafrei, und erst seitdem reisen die Touristen an. Schon immer da waren dagegen die Fischer. Der Reichtum an Fischen und Schalentieren im Étang ist mit 85 Fisch- und 25 Krebsarten rekordverdächtig. Als besondere Delikatesse gilt Aal, für den die Fischer im Morgengrauen die Reusen auslegen. Und nur Stelzenläufer, Uferschnepfe, Möwe und Flamingo schauen zu.

In Bages scheint die Zeit stillzustehen. Hunde dösen in der Gasse, Fischerboote liegen am Ufer. In der Ferne setzt der Küstensaum einen Riegel vors silbrige Blau des Étang. Die Aussicht vom Oberdorf über die glitzernde Weite ist umwerfend. Was auch für den Blick von der Terrasse des Dorfrestaurants „Le Portanel" gilt. Die Spezialität des Hauses? Fische aus dem Étang und natürlich Aal.

NUR DIE SONNE IST ZEUGE

Abweisend wie das raue Felsland ragen Burgruinen aus der Weite des Pays Cathare zwischen Canal du Midi im Norden und Pyrenäenausläufern im Süden. Die Sonne brennt auf zinnoberrote Hügelflanken, graue Felsen und knochenbleiche Gemäuer. Wind peitscht über das Garrigue-Gestrüpp, das sich gegen die Wasserarmut im sonnenverdorrten Rückzugsgebiet der Katharer behaupten kann. Ob Peyrepertuse,

BLEICHE MAUERN ERINNERN AN DIE AUSROTTUNG ANDERSGLÄUBIGER DURCH EIN PÄPSTLICH-KÖNIGLICHES HEER.

Quéribus, oder Termes: Das werbewirksame Schlagwort „Châteaux Cathares" täuscht. Die meisten der imposanten Gemäuer, die als Katharerburgen die Besucher anlocken, wurden erst nach Auslöschung der Katharer erbaut. Später dienten sie, die Grenze des Königreichs Frankreich zu Aragon zu überwachen. Einerlei. Wer sich etwa der auf einem Felskamm hockenden Ruine von Peyrepertuse nähert, betritt nicht nur das gewaltigste aller Châteaux Cathares. Sondern meint auch mit jedem Schritt den Burgfels hoch tiefer in die Geschichte einzutauchen.

Narbonne am Canal de la Robine: Blick vom Donjon Gilles-Aycelin auf die Stadt beiderseits des Kanals, der sie mit dem Canal du Midi und dem Mittelmeer beim Badeort Port-la-Nouvelle verbindet

Narbonnes Bischofspalast im Vordergrund und die ehemalige Kathedrale St-Just-St-Pasteur (links und unten). Kathedrale und Bischofspalast, heute ein Museum, entstanden nach den Kreuzzügen gegen die Katharer, als Narbonne an die französische Krone gefallen war

Narbonnes ehemalige Kathedrale St-Just-St-Pasteur erinnert an die spanischen Märtyrer Justus und Pastor. Der ungewöhnliche Innenraum ist wie der gesamte Bau ein Zusammenspiel zwischen nordfranzösisch-königlicher Gotik und südfranzösischer Bautradition

Mit steilen Anstiegen muss gerechnet werden: auf dem Sentier Cathare beim Château de Peyrepertuse

Fontfroide ist nicht nur für seine Architektur, sondern auch für seinen Rosengarten bekannt, der anstelle eines Klosterfriedhofs entstand (oben). Mirepoix gehört zu den bekanntesten Bastiden des Midi (rechts)

Eine unbekannte Quelle erzählt: Quéribus galt als uneinnehmbar, gab aber schließlich auf. War es Hunger, Durst, Krankheit oder Verrat? Man wird es nie erfahren

Sainte-Marie-de-Fontfroide gilt als eine der besterhaltenen Abteien der Zisterzienser aus dem 12. und 13. Jahrhundert – hier der Kreuzgang

VERNICHTEN UND VERBRENNEN

Von den Katharern, deren Name auf das griechische Wort Katharoi, die Reinen, zurückgeht, leitet sich vermutlich das deutsche Wort Ketzer ab. Und Ketzer waren die Katharer in den Augen der katholischen Kirche – wegen ihrer Kritik an den päpstlichen Ausschweifungen, an der Hartherzigkeit und an der fehlenden Bescheidenheit des Klerus.

Die Tage der gegen Kirche und Krone Aufbegehrenden waren gezählt, als Papst Innozenz III. 1208 den Kreuzzug gegen die Katharer ausrief. Mit dem Vernichtungsfeldzug beauftragten Papst und französischer König ein Jahr später Simon de Montfort, der bereits 1209 als einfacher Kreuzritter an der Einnahme von Béziers beteiligt war. Damals wurden alle Einwohner abgeschlachtet, ohne Unterscheidung zwischen kirchentreuen Christen und freidenkenden Katharern: „Tötet alle. Gott wird die Seinen erkennen", lautete die Order.

Nach einer Vielzahl durch gnadenlosen Terror gegenüber der Bevölkerung unterstützter Erfolge belagerte de Montfort im Frühling darauf Minerve. Am 22. Juli ergab sich das Dorf. Eine der letzten Katharerbastionen war gefallen. Arnaud Amaury, als päpstlicher Vertreter zur Unterstützung der Kreuzzügler entsandt, gewährte den Gefangenen die Gnade vom Ketzertum abzuschwören, um ihr Leben zu retten. Fast niemand nahm das Angebot an. Der Zusammenfluss von Cesse und Briant lag wie jeden Sommer trocken. Noch am selben Abend loderten auf den Kieseln des Flussbettes die Scheiterhaufen.

WEINSELIGES MINERVOIS

Wichtiger als so manches hiesige Künstleratelier sind die Winzer für das Überleben des Minervois. Aus Steinen und Reben ist das 5100 Hektar große Gebiet der AOP Minervois gemacht. Sengende Hitze und steter Wind beuteln die Weinberge, lassen jedoch auch Pilzen und Schädlingen keine Chance. Dass mit den hier typischen Rebsorten Syrah, Mourvèdre, Grenache geschmeidige und würzige Rotweine gelingen, beweist Frantz Vènes vom Château Massamier-la-Mignarde. Im Probierglas funkelt ein Domus Maximus aus Syrah- und Grenache-Reben. Würziger Duft der Garrigue steigt in die Nase. Auf dem Gaumen machen sich die Aromen schwarzer Oliven und reifer Johannisbeeren breit. Fast glaubt man auch die heißen Steine schmecken zu können. Aber vielleicht hat einem auch nur die glühende Sonne den Kopf verdreht.

GRÜNE BERGE, WILDES WASSER

Lange nichts von Patrick Süskind gehört. Der Autor des Weltbestsellers „Das Parfum" lebt einen Teil des Jahres in Montolieu. Das herausgeputzte Dorf der Buchhändler, Herausgeber, Buchbinder und Antiquare ist eins der sechs „Cités du Livre", die Frankreich zählt. Im Norden rückt die tiefgrüne, von majestätischen Kastanien und Eichen bedeckte Montagne Noire an die „Stadt des Buchs" heran. Über den Höhen hängen die Wolken oft fest. Daher der Wasserreichtum, das satte Grün selbst im Hochsommer. Stärker kann der Gegensatz zum sonnendurchglühten Pays Cathare kaum sein.

Das Cassoulet

FRANKREICHS LEIBSPEISE

1836 wurde mit der „Maison Boussieu“ die erste Fabrik für Cassouletkonserven in Castelnaudary eröffnet. Heute bringt sich ganz Frankreich mit Cassoulet de Castelnaudary über den Winter: Mit 40 Prozent Marktanteil ist der deftige Eintopf das meistverkaufte französische Fertiggericht.

Im „La Calèche“ in Peyrens: Küchenchef Philippe Solovieff bereitet seine Spezialität Cassoulet zu

Von nun an lasst fahren alle Eitelkeit! Hinfort mit den Kalorientabellen! Denn es geht um die Wurst. Nicht um irgendeine Wurst freilich, sondern um die véritable Saucisse de Toulouse, eine grobe, mit Salz und Pfeffer gewürzte, doppelt daumendicke Schweinswurst. Und es geht um Schweineschwarte, dicke Rippe, Entenfett, Confit de canard – im eigenen Schmalz eingelegte Keulen und Bruststücke von der Stopfente –, mithin um Kalorienschweres. Etwas Fleischloses darf es auch noch sein. Als da wären Knoblauch und Zwiebeln. Nicht zu vergessen über Nacht eingeweichte Lingots de Castelnaudary. Die weißen, kleinen Bohnen zeichnen sich durch eine feste, dabei besonders zarte, somit flatulenzreduzierende Hülse aus. Kurzum, es geht um den südwestfranzösischen Eintopf Cassoulet. Und damit um Castelnaudary.

Denn dass die Hauptstadt des Lauragais in aller Munde ist, verdankt sie ihrem Ruf als Wiege des Cassoulet. Dessen Name geht auf einen trichterförmigen, innen lasierten Tontopf zurück, die Cassole. Das Rezept soll aus der Zeit des Hundertjährigen Kriegs zwischen England und Frankreich (1337–1453) stammen. Castelnaudary war von englischen Truppen umringt. In ihrer Not sollen die Einwohner ihre letzten Vorräte geopfert und in einen Tontopf geschmissen haben, um daraus ein die Moral der verteidigenden Soldaten hebendes Gericht zu kochen. Was funktioniert hat. Die Engländer wurden in die Flucht getrieben, und Castelnaudary hatte sein emblematisches Gericht.

INTERNATIONALE BEZÜGE

An die 170 000 Cassouletkonserven werden hier heute eingedeckelt. Wichtiger noch, 90 Prozent aller hochwertigen Dosencassoulets, die in Frankreich verkauft werden, stammen aus Castelnaudary. Keine noch so qualitätsvolle Konserve aber kann es mit einem nach zwei Tage währender Vorbereitung aus der Küche servierten Cassoulet aufnehmen. Zur Probe aufs Exempel haben die ehrenwerten Mitglieder nach Peyrens geladen.

Das unscheinbare Dorf nördlich von Castelnaudary ist dank des „La Calèche“ und seines Chef de Cuisine

CASSOULET IST NICHTS FÜR FAST-FOOD-FREUNDE. SEINE ZUBEREITUNG NIMMT ZEIT IN ANSPRUCH.

Kulinarische Verführung:
Cassoulet im „La Calèche"

Philippe Solovieff im gesamten Lauragais ein Begriff. Gleich drei Mitglieder der Großbruderschaft sind zum Tischgespräch eingetroffen. Jean-Louis Malé ist der ehemalige Grand Maître und in einem anderen Leben ein smarter Versicherungsagent. Georges Gouttes betreibt auf der Autobahnraststätte „Port Lauragais" das Restaurant „La Dînée", über dessen Tische jährlich 40 000 Cassoulets gehen. Marcel Rivals, genannt „der Pfeiler", ist Gründungsmitglied der Großbruderschaft und zugleich Mitinitiator der fünftägigen Fête du Cassoulet, die im August Zigtausende nach Castelnaudary lockt.

Die großen Fragen des Cassoulet kommen zur Sprache. Etwa, ob die Lingots de Castelnaudary tatsächlich ein Mitbringsel der Katharina von Medici sind. Die gebürtige „italienischen Krämerstochter" auf dem französischen Thron soll die weiße Bohne aus der Toskana in den französischen Südwesten mitgebracht haben. Auch das Faible der machtbewussten päpstlichen Nichte aus Florenz für die an die toskanischen Crete erinnernde, hügelige Ackerlandschaft des Lauragais rund um Castelnaudary wird von Katharinas Zeitgenossen bezeugt.

Dann muss vom internationalen Erfolg des Cassoulet die Rede sein. Die „New York Times" hat schon verkündet, dass Cassoulet die japanische Nudelsuppe Ramen als winterliches Lieblingsgericht der New Yorker ablöse. Allein im vergangenen Jahr waren Vertreter der Grande Confrérie in Lüttich, Brüssel, Rom, Lissabon, um für das Cassoulet zu werben und renommierte Küchenchefs davon zu überzeugen, den Eintopf aus Castelnaudary auf die Karte zu setzen. Zumeist mit Erfolg.

NICHT NUR GEGEN DEN HUNGER

Man bleibt im Lauragais dennoch lokalen Traditionen treu. Nur einen Steinwurf vom Canal du Midi entfernt sind die Mauern der Poterie Not lachsrot gepudert. Im Halbdunkel der Töpferei bringen Vater, Sohn und Neffe Not Ton in die Form einer Cassole. Der wie aus der Zeit gefallene Familienbetrieb genießt Kultstatus. Eine Cassole von Not steht zwischen Toulouse und Carcassonne in mutmaßlich jedem zweiten Haushalt. Vor ein paar Jahren sei sogar eine Köchin aus Berlin da gewesen, erzählt Juniorchef Jean-Pierre. Dann kramt er die verfleckte Visitenkarte heraus. Sarah Wiener hieß die Dame.

Wichtiger Bestandteil des Cassoulet: kleine weiße Bohnen

EIN LETZTER BESUCH

Jean-Louis Malé, wie erinnerlich ehemaliger Grand Maître der Cassoulet-Bruderschaft, möchte noch eine Anekdote mit auf den Weg geben. Es geht um Catharina di Medici, mal wieder. Von den Hoffnungen auf einen Enkel enttäuscht sei die auf den französischen Thron verheiratete Toskanerin im Winter 1579 auf der Suche nach einem Mittel gewesen, das die Unfruchtbarkeit ihrer mit dem König von Navarra verheirateten Tochter Margot beenden würde. Eine Alte aus Castelnaudary verriet ihr ein Cassouletrezept, das als Allheilmittel gegen ausbleibenden Nachwuchs gehandelt wurde. Die Medici vergaß alle Eitelkeit, stellte sich an den Herd und stopfte die Tochter wieder und wieder mit Cassoulet. Margot aber blieb kinderlos. Was man in Castelnaudary bis heute darauf zurückführt, dass die des Französischen nicht mächtige italienische Mutter das Rezept schlicht falsch verstanden habe.

INFORMATIONEN

Office de Tourisme Intercommunal Castelnaudary Laugarais, *Place de la République, F-11491 Castelnaudary, Tel. 04 68 23 05 73, www.castelnaudary-tourisme.com*
Fête du Cassoulet, *www.fete-du-cassoulet.com; 5 Tage in der 2. Juli-Hälfte*
Grande Confrérie du Cassoulet de Castelnaudary, *www.confrerieducassoulet.com*

1883 GEGRÜNDET, WERDEN IN DER TÖPFEREI NOT UNZÄHLIGE TONKLUMPEN ZU BUNTGLASIERTEN KOCHGEFÄSSEN.

Die Poterie Not ist Spezialist für die Herstellung diverser Tonwaren: Glasieren der Cassole für Cassoulet

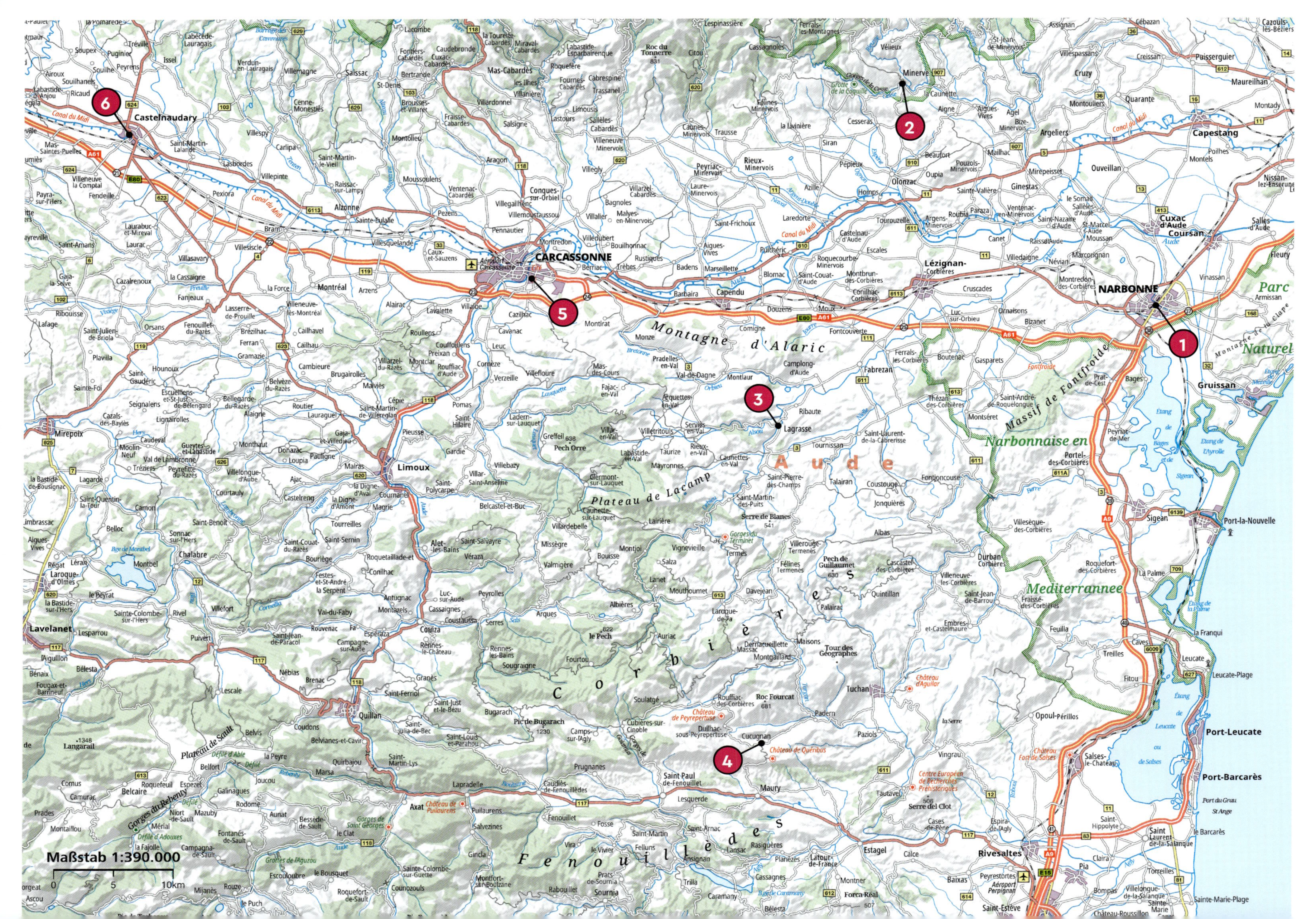

1
2
3
4
5
6
NARBONNE
CARCASSONNE
Castelnaudary
Limoux
Quillan
Lézignan-Corbières
Capestang
Coursan
Cuxac-d'Aude
Gruissan
Port-la-Nouvelle
Sigean
Port-Leucate
Port-Barcarès
Rivesaltes
Estagel
Tuchan
Lagrasse
Minerve
Cucugnan
Mirepoix
Lavelanet
Axat
Olonzac
Montréal
Château de Quéribus
Château de Peyrepertuse
Montagne d'Alaric
Massif de Fontfroide
Plateau de Lacamp
Plateau de Sault
Aude
Corbières
Fenouillèdes
Parc Naturel
Narbonnaise en Méditerranée
Canal du Midi
Pic de Bugarach
Maßstab 1:390.000
0
5
10km

DAS LEBEN IST EIN LANGER RUHIGER KANAL

Unaufgeregt geht das Leben in den Dörfern des Canal du Midi seinen Gang. Nach Norden bildet die Montagne Noire den Horizont – das wegen seiner Wälder dunkel wirkende Mittelgebirge ist ein Paradies für Wanderer und eine Herausforderung für Radfahrer. Richtig trubelig wird es hingegen in Carcassonne.

1 NARBONNE

Die einstige Hauptstadt der römischen Provinz Gallia (54 000 Einw.) lebt vom Weinbau: Drei AOP treffen in der „Wiege des französischen Weinbaus" zusammen: Corbières, La Clape, Quatourze. Und vom Tourismus: Das Meer ist nur 10 km entfernt, mit dem der Canal de la Robine Narbonne verbindet.

Horreum: ein Wein- und Warenlager aus römischer Zeit

SEHENSWERT

Die Altstadt nördlich des Canal de la Robine beherrscht das Steingebirge aus gotischer **Cathédrale St-Just et St-Pasteur** (Urspr. 13. Jh.), **Kloster** und **Erzbischöflichem Palast** (ab 9. Jh.). Er ist Sitz von Rathaus sowie **Kunst- und Geschichtsmuseum** (Keramik, Skulpturen) im jüngeren Palais Neuf (14.–18. Jh.). Vom **Donjon Gilles Aycelin** (um 1300; Zugang im Rathausfoyer) schweift der Blick über die Stadt und die auf der **Place de l'Hôtel de Ville** freigelegte antike Handelsstraße Via Domitia (Museen und Donjon Juli–Sept. tgl. 10.00–18.00, sonst Di.–So. 10.00–12.00 und 14.00 bis 17.00 Uhr; Kathedrale und Kloster tgl. Juni bis Sept. 10.00–18.00, sonst tgl. 9.00–12.00 und 14.00–18.00 Uhr). Das verzweigte römische Wein- und Warenlager **Horreum** liegt heute 5 m unter der Erde (7, Rue Rouget-de-Lisle; Öffnungszeiten wie Museen). Das 2022 eröffnete **Museum Narbo Via** lässt mit archäologischen Funden die antike Stadt auferstehen (2, avenue André Mècle, Mai–Sept- tgl. außer Mo. 10.00 bis 19.00, sonst nur bis 18.00 Uhr, www.narbovia.fr). Südl. des Canal de la Robine gelangt man auf dem **Boulevard du Dr Ferroul** von den Belle-Époque-Markthallen (tgl. 7.00–13.00 Uhr) zur **Basilika St-Paul-Serge** mit romanischem Chor (13. Jh.) und frühchristlicher Krypta (Mo.–Sa. 9.00–12.00 und 14.00–18.00 Uhr).

HOTEL UND RESTAURANT

Das **€€/€ La Résidence** versprüht noch Charme des 19. Jh. (6, Rue du 1er Mai, F-11100 Narbonne, Tel. 04 68 32 19 41, www.hotelresidence.fr).
Das cool-elegante **€€€/€€ La Table Lionel Giraud** gilt als eines der günstigsten Sternerestaurants (68, Avenue Général Leclerc, Tel. 04 68 41 37 37, https://maison.saintcrescent.com).

UMGEBUNG

Die **Abbaye de Fontfroide** (9 km südl.) liegt in wilder Garrigue-Landschaft. Zur Zisterzienserabtei (11.–18. Jh.) gehören der barocke Ehrenhof, der romanische Kapitelsaal, der teils romanische, teils gotische Kreuzgang und ein Rosengarten mit 2200 Stöcken (www.fontfroide.com; Juli und Aug. tgl. 9.30–19.00, April–Juni, Sept. und Okt. tgl. 10.00–18.00, Nov.–März tgl. 10.00–12.30 und 13.30–17.00 Uhr).
Am Westufer des **Étang de Bages et de Sigean** (5 km südl.) reihen sich das Salzstädtchen **Peyriac-de-Mer,** das Künstler- und Fischerdörfchen **Bages** (www.tourisme-pyrenees-mediterranee.com/de/explorer/les-villages-incontournables/bages) und das Bergstädtchen **Sigean** (www.sigean.fr/decouvrir-sigean/office-de-tourisme.html). Zauberhaft ist **Gruissan** mit seinem Strandableger, dessen Wahrzeichen Stelzenhäuser aus dem 19. und dem 20. Jh. sind (www.gruissan-mediterranee.com).

Narbonnes Place de l'Hôtel de Ville: vorn ein Stück der römischen Via Domitia

Étang de Bages et de Sigean: Blick auf die Weinbaugemeinde Bages

INFORMATION

Office de Tourisme, 31, Rue Jean-Jaurès, F-11100 Narbonne, Tel. 04 68 48 14 81, www.narbonne-tourisme.com

2 MINERVE

Mitglied bei den „schönsten Dörfern Frankreichs", Katharerhochburg um 1200, Hauptstadt der 45 Weindörfer der AOP Minervois – ganz schön viel für ein Dorf mit 130 Einw. am Zusammenfluss von Cesse und Briant.

SEHENSWERT

Die **Candéla,** ein achteckiger Turm, ist seit 1637 einziger Rest der Burg. Die romanische **Dorfkirche St-Étienne** hütet einen Marmoraltar aus dem 5. Jh. (Zugang mit Führung durch das Musée de Paléontologie et d'Archéologie, Rue des Martyrs; April–Sept. je nach Saison Di.–Sa. oder So. oder tgl. 10.00–13.00 und 14.00–18.00 Uhr). Vor der Kirche steht das Katharerdenkmal **La Colombe de lumière** (1982). Im **Musée Hurepel** (Rue des Martyrs; Juli/Aug. tgl. 10.00–13.00, 14.00–19.00, April–Juni, Sept./Okt. tgl. 10.30 bis 12.45, 14.00–18.00 Uhr) werden Aufstieg und Fall der Katharer anschaulich nahegebracht.

HOTEL

Die **€€ Villa Limonade** bietet charmante Chambres d'hôtes in einer Belle-Époque-Villa (8, Rue du Cers, F-34210 Olonzac, südl. von Minerve, Tel. 04 68 41 78 09, www.villalimonade.fr).

INFORMATION

Office de Tourisme, 9, Rue des Martyrs, F-34210 Minerve, Tel. 04 68 91 81 43, www.minervois-caroux.com

3 LAGRASSE

Das Schönste (600 Einw.) unter den schönen Dörfer der Corbières ist auch eins der „schönsten Dörfer Frankreichs". Ideal ist die Lage zwischen Weinbergen und Katharerburgen.

SEHENSWERT

Im Umfeld der **Markthalle** aus dem 14. Jh. reihen sich spätmittelalterliche Fassaden wie die der Maison Cros in der **Rue St-Michel.** Durch die **Porte de l'Eau** und über den **Pont Vieux** (13. Jh.) geht es zur 778 gegründeten **Abbaye Ste-Marie-d'Orbieu** am anderen Ufer des Orbieu; zugänglich sind u. a. das Rokoko-Bischofspalais, die freskenverzierte Kapelle des Abtes und der Donjon mit Ausblick (www.abbayedelagrasse.com; Juli/Aug. tgl. 10.00–19.00 Uhr, sonst kürzer). Der andere Teil des Klosters gehört dem Orden Les Chanoines Réguliers de la Mère de Dieu (www.lagrasse.org; April–Mitte Nov. tgl. außer Do., sonst. nur Sa., So. 15.15–18.00 Uhr).

Antiquar Rob Kleis im Antiquariat Abelard von Montolieu

HOTEL UND RESTAURANT

Die **€€/€ Hostellerie des Corbières** bietet Zimmer und gute Terroir-Küche (9, Boulevard de la Promenade, F-11220 Lagrasse, Tel. 04 68 43 15 22, www.hostellerie-des-corbieres.com).

EINKAUFEN

Regionale Produkte gibt es in der Maison du Terroir: Wein, Ziegenkäse, Honig, Traubensaft (6, Boulevard de la Promenade).

UMGEBUNG

Über der rauen Einsamkeit der **Corbières** weht der betörende Duft von Rosmarin und Thymian. Unter den elf Terroirs des größten Weingebiets des Languedoc liegen die von Boutenac, Lagrasse und Durban qualitativ an erster Stelle (www.tourisme-corbieres-minervois.com/de/explorer-nos-incontournables/terre-de-vins/les-grands-vins/corbieres-entre-tradition-et-modernite).

Blick Richtung Mittelalter: Cité von Carcassonne

INFORMATION

Office de Tourisme, 16, Rue Paul-Vergne, F-11220 Lagrasse, Tel. 04 68 27 57 57, www.tourisme-corbieres-minervois.com

4 CUCUGNAN

Alphonse Daudet hat dem ockergelben Winzerdorf (140 Einw.) um seine Windmühle Le Moulin d'Omer ein literarisches Denkmal gesetzt. Die Geschichten um den Pfarrer Martin werden im Dorftheater aufgeführt.

HOTEL UND RESTAURANT

Bodenständig ist die **€€/€ Auberge du Vigneron** (2, Rue Achille-Mir, F-11350 Cucugnan, Tel. 04 68 45 03 00, www.auberge-vigneron.com).

UMGEBUNG

Die drei Mauerringe des **Château de Quéribus** (4 km östl.) wurden 1244 zur heftig verteidigten Katharerzuflucht (www.cucugnan.fr; Juli und Aug. tgl. 9.30–20.00, Mai, Juni und Sept. tgl. 9.30 bis 19.00, sonst tgl. 10.00–17.00 Uhr). Das **Château de Peyrepertuse** (8 km westl.) ist die mächtigste aller Katharerburgen; über 300 m ziehen sich Ober- und Unterburg über einen 800 m hohen Felskamm (www.peyrepertuse.com; Juli und Aug. tgl. 9.00–20.00, April–Juni und Sept. tgl. 9.00 bis 19.00, sonst tgl. 10.00–17.00 Uhr). Weitere **Katharerstätten**: www.pays cathare.org

INFORMATION

Office intercommunal de Tourisme, 2, Route de Duilhac, F-11350 Cucugnan, Tel. 04 68 45 69 40, www.corbieres-salanque-tourisme.com

5 CARCASSONNE

Mehr Mittelalter geht nicht: La Cité, die Oberstadt mit antiken Wurzeln, wirkt wie einem Fantasy-Film entstiegen. Mehr Bodenhaftung hat die Ville Basse, die Unterstadt der Verwaltungskapitale (48 000 Einw.) des Departements zwischen Aude und Canal du Midi, in der 90 % der Einwohner leben.

SEHENSWERT

Der **Pont Vieux** aus dem 14. Jh. führt über die Aude zur von einem doppelten Mauerring geschützten **Cité.** Zwischen den Mauern verläuft die **Promenade des Lices** mit Blick auf den teils noch antiken Innenring und den mittelalterlichen Außenring. Die **Porte Narbonnaise** (um 1280) ist die mächtigste Torburg und Haupteingang zur Oberstadt. Ende des 12. Jh. ließen die Vicomtes von Carcassonne das wehrhafte **Château Comtal** als Festung innerhalb der Festung auf den Fundamenten einer gallo-römischen Villa errichten; das **Musée lapidaire** versammelt steinerne Fundstücke aus den wichtigen Epochen der Stadt (April–Aug. tgl. 10.00–18.30, sonst tgl. 9.30 bis 17.00 Uhr). Von der Burg aus ist die **Festungsmauer** zu betreten. Die **Cathédrale St-Nazaire,** im Kern romanisch, wurde um 1270 vollendet (Sommer Mo.–Sa. 9.00–11.45, So. 9.00–10.45 und 13.45–18.00 Uhr, Winter So. kürzer).

Zentrum der im Schachbrettmuster angelegten **La Ville Basse** ist die **Place Carnot** mit marmornem Neptunbrunnen und Blumenmarkt. Mit der Gründung der Unterstadt durch Ludwig IX.

LIQUEURS & APÉRITIFS

Im herrlich gestrigen, 1868 eröffneten Ladenlokal „Cabanel" hütet Inhaber Jean-Marc Gazel das Rezept für den olivgrünen Digestif-Likör „Micheline" und den Aperitif „Or-Kina", der aus Weißwein, Gewürzen, Karamell und Bitterorangen hergestellt wird.

***Liqueurs & Apéritifs Cabanal,** 72, Allée d'Iéna, Carcassonne, Tel. 04 68 25 02 58; Mo.–Sa. 8.00–12.00 und 14.00–19.00 Uhr*

ging der Bau der gotischen **Kirche St-Michel** einher, seit 1803 Kathedrale. Prächtiges Tor der Stadtmauer ist der barocke **Portail des Jacobins.** Von ihm führt die verkehrsfreie **Rue Georges-Clemenceau** zum Hafen am Canal du Midi auf der anderen Seite der Unterstadt.
Das **Musée des Beaux-Arts** zeigt Malerei und Keramik vom 16. Jh. bis zur Gegenwart (15, Boulevard Camille-Pelletan; April–Sept. tgl. 9.45–12.30, 13.30–18.15, sonst Di.–Sa. 9.45–12.30, 13.30–18.15, 1. So. des Monats 14.00–17.00 Uhr).

HOTELS UND RESTAURANT
Das **€€€/€€ Hôtel du Château** punktet mit seinem Stadtmauerblick (2, Rue Camille St-Saëns, F-11000 Carcassone, Tel. 04 68 11 38 38, www.hotelduchateau.net). Frisches Design, knallige Farben: willkommen im **€€/€ Hôtel de l'Octroi** (144, Rue Trivalle, F-11000 Carcassone, Tel. 04 68 25 29 08, www.hoteloctroi.com).
Das **€€ Comte Roger** steht für frische Cuisine du marché (14, Rue St-Louis, Cité, Tel. 04 68 11 93 40, www.comteroger.com).

VERANSTALTUNG
Das **Festival de Carcassonne** bietet Tanz, Theater und Musik bei 100 Aufführungen (www.festivaldecarcassonne.com; Juni–Aug.).

UMGEBUNG
Die waldreiche **Montagne Noire** (20 km nördl.) ist ein Wanderparadies. Der rot-weiß markierte GR 36 führt zum **Pic de Nore,** dem mit 1210 m höchsten Gipfel. Am Fuß des Bergzugs laden in **Montolieu** (www.tourisme-carcassonne.fr) Buchhandlungen und Antiquariate zum Stöbern ein. **Lastours** am Südwesthang trumpft mit vier Burgruinen (www.payscathare.org), Burgmuseum und dem Sterne-Bistro „Le Puits du Trésor" (www.lepuitsdutresor.com) auf.

INFORMATION
Office de Tourisme, 28, Rue de Verdun, F-11835 Carcassonne, Tel. 04 68 10 24 30, www.tourisme-carcassonne.fr

6 CASTELNAUDARY

Die Stadt (12 000 Einw.) erhebt sich aus dem Lauragais, der Kornkammer des Languedoc: keine Sehenswürdigkeiten, aber dank des Canal du Midi viele Hausbootankerplätze.

SEHENSWERT
Wahrzeichen ist der 56 m hohe Glockenturm der **Collégiale St-Michel,** ein gotischer Bau (Urspr. 13. Jh.) mit berühmter Barockorgel. Das **Grand Bassin** wird vom Canal du Midi gespeist.

HOTEL UND RESTAURANT
Die **€€/€ Maison du Cassoulet** ist ein Restaurant mit Zimmern. Auf der Karte: Cassoulet! (24, Cours de la République, F-11400 Castelnaudary, Tel. 04 68 23 27 23, www.maisonducassoulet.com).

UMGEBUNG
Bei **Montferrand** (12 km nordw.) markiert ein für Paul Riquet, Erbauer des Canal du Midi, errichteter Obelisk die Wasserscheide des Atlantik und Mittelmeer verbindenden Kanals.

INFORMATION
Office de Tourisme, Place de la République, F-11400 Castelnaudary, Tel. 04 68 23 05 73, www.castelnaudary-tourisme.fr

AUF DEN SPUREN DER KATHARER

250 km umfasst der Sentier Cathare (GR 367), der von Port-la-Nouvelle nach Foix führt. Auf der Rundwanderung La Boucle de Quéribus bekommt man einen guten Eindruck vom Themenweg.

In Cucugnan geht es über die Rue de la Chapelle, die am Fuß des Dorfs auf die Landstraße D 14 trifft. Schräg gegenüber beginnt ein asphaltierter Wirtschaftsweg, den man einschlägt. An der nächsten Wegkreuzung mit Bildstock biegen wir nicht nach rechts in den Sentier Cathare mit der Ausschilderung „Château de Quéribus" ein, sondern folgen geradeaus der gelb-orangen Markierung eines PR-Wanderwegs. Es geht durch sanft gewellte Weinberge, von schroffen Felskämmen gerahmt. Nach einer scharfen Rechtskurve steigt der Wirtschaftsweg durch einen Niederwald die Hügelkante hoch. An der Gabelung zweier ungeteerter Wege halten wir uns rechts und steigen weiter den Hang hoch. Nach ca. 1 km folgt erneut eine Gabelung, an der man sich rechts hält, um den Hügelkamm zu erreichen. Oben angekommen, biegen wir rechts in den gelb-blau markierten Sentier Cathare ein, der nach 1,5 km Quéribus erreicht. Die Ruine ist höchster Punkt und zugleich Höhepunkt der Wanderung.

Nach der Besichtigung gelangen wir vom oberen Ende des Parkplatzes wieder auf den Sentier Cathare. „Descente difficile", schwieriger Abstieg, warnt ein Schild: Es geht fast nur bergab, bis der Sentier Cathare nach links abbiegt. Nach einer scharfen Linkskurve folgen wir einem Bachtal, bis man auf einen Wirtschaftsweg stößt, der zurück zur D 14 und damit nach Cucugnan führt.

Start und Ziel: Cucugnan

Länge und Dauer: 9 km, 3 Std.; mittelschwerer Weg mit 367 zu bewältigenden Höhenmetern

Ausrüstung: Wasser, Proviant, Kopfbedeckung, Sonnenschutz

Informationen: www.cucugnan.fr/wp-content/uploads/2020/06/fiche-boucle_2020.pdf, www.audetourisme.com/fr/a-voir-a-faire/incontournables/sentier-cathare

Formule Midi
ENTREE PLAT
PLAT DESSERT
ENTREE PLAT DESSERT
Suggestions

Roussillon

PARLES CATALÀ?

Sprechen Sie Katalanisch? Die Frage ist im Roussillon berechtigt. Straßen und Plätze sind zweisprachig beschildert. Überall ist die rot-gelbe Flagge Kataloniens gehisst. Perpignan kokettiert damit, Barcelonas kleine Schwester zu sein. Der Canigou, der heilige Berg aller Katalanen, liegt auf französischer Seite. Apropos: Von Spanien spricht im Roussillon niemand – von der „anderen Seite“ hingegen viele.

Perpignans mit rosa Marmor gepflasterte Place de la Loge zeigt sich als Zentrum des gesellschaftlichen Lebens der Stadt

Die Forteresse de Salses bewachte den Zugang zum bis ins 17. Jahrhundert spanischen Roussillon. Architektonisch markiert die mächtige Anlage den Übergang von der Burg des Mittelalters zur neuzeitlichen Festung

Eineinhalb Stunden braucht der Hochgeschwindigkeitszug von Barcelona nach Perpignan. Von daher weht der Wind. Königspalmen beschatten auch hier die Plätze. Die Fassaden sind bunt. La Sieste ist heilig, und nachts, wenn die Temperaturen gesunken sind, beginnt das Leben. Soviel Movidà wie in Perpignan ist in ganz Okzitanien nicht. Was nicht nur aus der Nähe zur 30 Kilometer entfernten spanischen Grenze, sondern auch aus der Geschichte zu erklären ist.

Im 12. Jahrhundert fiel die heutige Hauptstadt des Département Pyrénées-Orientales an den König von Aragon und Grafen von Barcelona. Ein Jahrhundert später wurde Perpignan mit Palma de Mallorca ebenbürtige Residenz der Könige von Mallorca und blieb bis zum Pyrenäenvertrag von 1659 spanisch. Soviel gemeinsame Geschichte wirkt nach. Zur Osterprozession verwandeln die vollvermummten Mitglieder der Confrérie de la Sanch Perpignan in ein kleines Sevilla. Tintenfisch kommt à la Plancha gegrillt auf den Tisch. Und die nächste Tapas-Bar ist nie weit.

DIE WIEGE DES FAUVISMUS

Blitzblau war der Himmel auch, als Henri Matisse im Sommer 1905 in Collioure aus dem Zug stieg. Rostrot leuchteten die Klippen. Knallgrün standen die Reben in den Schieferterrassen. Matisse, der aus Nordfrankreich stammte, war überwältigt von der Farbgewalt. In den folgenden Wochen fand

Der Essig von La Guinelle reift in Glasballons, erklärt Chefin Nathalie Lefort (links). In Perpignans Altstadtgasse Rue Grande des Fabriques reihen sich Kneipen und Restaurants (rechts)

Perpignans Le Castillet zwischen Place de Verdun und Place de la Victoire ist ein Überbleibsel der mittelalterlichen Stadtbefestigung

der Maler zu einem revolutionär neuen, die Zeitgenossen verstörenden Stil. Der Skandal folgte im Herbst auf dem Pariser Salon d'Automne. Matisse und sein Mitstreiter André Derain, der ebenfalls mit seiner Staffelei nach Collioure gereist war, bekamen den Schimpfnamen Fauvistes verpasst. Was sich von fauves, wilde Bestien, ableitet. Heute hängen die Bilder in den großen Museen der Welt.

Kopien der Werke von Matisse und Derain säumen den „Weg des Fauvismus". Der Parcours führt über sechs Strände, von der Plage Nord (Morgensonne!) zur Plage de la Balette (Abendsonne!). Regelmäßig schert jemand aus der Karawane der Flip-Flop-Träger aus, um sich an einer der Bilderkopien davon zu überzeugen, dass sich Collioure seit den Fauvisten kaum verändert hat. Herrisch wie auf Derains „Trocknen der Segel" schiebt sich das Château Royal, die mittelalterliche Residenz der Könige von Mallorca, vor Bergketten und steile Fassaden. Am Fuß des Mouré-Hügels stiebt Notre-Dame-des-Anges ins Wasser. Vom Hafenbecken betrachtet glaubt man, die kuppelgekrönte Pfarrkirche steche gerade in See – ein Eindruck, den auch Derains „Leuchtturm von Collioure" erweckt.

KÜSTENSTRASSE IN LEUCHTENDROT

Von Argelès, wo die ersten Pyrenäenausläufer dramatisch ins Meer fallen, bis zur spanischen Grenze verlocken winzige Badebuchten zum Runterkraxeln. Ein Kap thront kühn im schäumenden

Cerbère, letzte Station vor der spanischen Costa Brava

Das Chateau Royal beim alten Hafen ist Collioures Erinnerung an vorfranzösische Zeiten (oben). Collioures Stadtstrand mit Blick auf Notre-Dame-des-Anges; ihr Glockenturm war einst ein Leuchtturm (unten)

Linkerhand ist es ein Katzensprung zur Costa Brava, rechts liegt das französische Cerbère: Yoga am Cap Réderis

Im Fischerort Port-Vendres: Restaurant „Les Clos de Paulilles"

ALS WINZER IM ROUSSILLON

Immer mehr Deutsche probieren sich am Fuß der Pyrenäen als Winzer aus. Und nicht nur sie: Auch bei anderen Ausländern sind die Weinberge des Roussillon, der Corbières, des Fitou besonders beliebt.

Einer, der das Potenzial erkannt hat und optimal auswertet, ist der gebürtige Schwabe Thomas Teibert. Ihn verschlug es 2005 ins Weindorf Calce. Gemeinsam mit dem Ehepaar Doris und Joachim Christ bewirtschaftet der in Geisenheim ausgebildete Önologe die „Domaine de l'Horizon".

Mit eleganten, mineralischen Weinen aus örtlichen Traubensorten wurde Teibert im Nu zu einem Vorzeigewinzer der Appellation. Die tonangebende Weinzeitschrift „La Revue du Vin de France" kürte den Neueinsteiger zum „Homme du Vin 2010". Beim amerikanischen Weinpapst Robert Parker holte Teibert gleich mit dem ersten Jahrgang 93 Punkte.

Ähnlich Terroir-versessen und dazu bio sind Nikolaus und Carolin Bantlin. Die gelernte Architektin und der Erbe eines Familienbetriebs für technische Lederartikel in Reutlingen träumten von einem Leben im Süden und landeten in der Realität eines Weinguts im Fitou. Knapp 20 Jahre später zählt die nach einem Song der Rockband The Doors benannte Domaine „Les Enfants sauvages" („Wild Child") zu den Erfolgsgeschichten im südfranzösischen Weinbau.

Meer. Zu Füßen der rost- und karminroten Felsen, der die Küste im äußersten Südwesten des Languedoc-Roussillon ihren Namen verdankt – vermeille bedeutet leuchtend rot – schwappt das Mittelmeer tintenblau. Im Hintergrund sind die dicht bewaldeten Ausläufer der Pyrenäen sattgrün. So unberührt muss die Costa Brava, die Luftlinie keine 20 Kilometer weiter südlich beginnt, vor dem Sündenfall in Beton ausgesehen haben.

Von Banyuls schuftet sich die Route des Crêtes über schwindelerregende Serpentinen ins abrupt ansteigende Landesinnere. Bei Gegenverkehr muss zurückgesetzt werden. Höhepunkt an der schmalen Bergstraße ist die 652 Meter hoch gelegene Tour Madeloc, ein Wachturm aus der Zeit der Könige von Mallorca.

Richtung Süden wird die Küste wilder. Aus dem Autoradio knattert Rrrrrádio Catalunya im Maschinengewehrtakt Inforrrrrmaciones aus Barcelona über die Grenze. Am Cap Réderis erklärt eine Panoramatafel die in der Ferne schimmernden Felsen der Costa Brava. Kurz darauf stemmt sich Cerbère in eine enge Felsbucht. Noch ein Kap, noch ein paar Kurven, dann heißt es: Adieu Côte Vermeille, hola Costa Brava!

ACHTERBAHN INS HOCHGEBIRGE

19 Tunnel, 20 Brücken, 1600 zu überwindende Höhenmeter: Wer mit dem Petit Train Jaune in die Hochtäler der Cerdagne und des Conflent fährt, darf sich auf einen Höhenrausch der besonderen Art freuen. Frankreichs höchstgelegene Eisenbahntrasse

Ein besonderes Erlebnis ist die Fahrt im offenen Waggon: der schmalspurige Petit Train Jaune auf dem 217 Meter langen Viaduc de Séjourné, der seit 1908 den Fluss Têt überspannt

garantiert Achterbahnfeeling und ganz großes Gebirgskino. Im Schmalspurtempo quält sich das Bähnchen vom auf 427 Meter gelegenen Villefranche-de-Conflent auf 1231 Meter nach Latour-de-Carol. Im Sommer stürzt der Blick aus dem offenen kanariengelben Waggon ins Bodenlose. Der 80 Meter hohe Pont Gisclard ist die Eisenbahnbrücke mit dem vielleicht dramatischsten Abgrund, der Haltepunkt Bolquère-Eyne mit seinen 1592 Metern der höchstgelegene Bahnhof des Landes. Der spektakulärste Abschnitt? Ist die Strecke zwischen Olette und Font-Romeu, wo der Petit Train Jaune sich im gefühlten Schneckentempo die Berge hochschraubt. Einerlei, die Fahrt ist das Ziel. Endstation Latour-de-Carol.

AUF DEN PISTEN DES CAPCIR

Bei Puyvalador weiten sich die Almen. Vom Wind verdrehte Krüppelkiefern trotzen dem Schnee, der im Capcir so sicher ist wie die Ankunft ganzer Scharen von Skilangläufern und Abfahrtsenthusiasten aus Perpignan oder Carcassonne an winterlichen Wochenenden. Bei Formiguères, dem dörflichen Hauptort des Capcir, drehen sich die Lifte. Roc

»OLIVENBÄUME SOLLTEN UNSERE GRENZEN SEIN.«

Dani Karavan, Planer des Passagen-Denkmals in Portbou (1976)

d'Aude heißt der 2377 Meter hohe Hausberg von Les Angles, dem nächsten, deutlich größeren Skiort. Unterhalb des Gipfels entspringt die Aude. Noch ist sie ein unscheinbares Gebirgsrinnsal, so schmal und glasklar wie so viele Bäche, die durch das bewaldete Hochplateau gluckern.

Es wird viel Katalanisch gesprochen. Denn Urlauber aus Spanien haben Les Angles ebenfalls entdeckt. Weil man hier auf Skiern die Berge nicht nur hinab, sondern im Sommer mit Mountainbikes auch wieder hochfahren kann. Und weil der Lac de Matemale, ein Stausee am Ortsrand, zum Surfen, Baden und Erfrischen von der flirrenden Hitze an der Küste einlädt.

Im Frühsommer zieht das Vieh auf die Sommerweiden der Hochtäler, gefolgt von den Radlern: am Lac de Bouillouses

Beliebt ist die Wanderung vom Hochgebirgssee Lac de Bouillouses hinauf zum Pic Carlit

Kaum ist der Schnee geschmolzen, sind auf dem Weg zum Lac de Bouillouses die ersten Ausflügler zu finden

Die schönsten Restaurants

UND IMMER MIT BLICK AUFS WASSER

Die Lage: Les Pieds dans l'Eau, mit den Füßen im Wasser – soll heißen, in unserer Restaurant-Auswahl wird nicht nur gut gegessen, sondern auch aufs Wasser geschaut. Einerlei, ob der Tisch am Canal du Midi, am Hafen, am Strand oder am Ufer eines Flusses steht.

1

RESTAURANT DU VIEUX PONT

Eine Brücke aus dem 15. Jahrhundert führt über den Aveyron direkt aufs Restaurant zu. Über dem Haus baut sich das mittelalterliche Dorf auf. Gassen steigen steil an, Natursteingemäuer sind jahrhundertealt. Um so entschiedener moderner ist der Saal, in dem Nicole Fagegaltier eine ebenso zeitgemäße wie dem Terroir verpflichtete Küche serviert.

Restaurant du Vieux Pont, Le Village, F-12390 Belcastel (25 km westl. von Rodez), www.hotelbelcastel.com

CHEZ LA TCHÈPE

Auf den ersten Blick ist das einfache Restaurant mit der knalltürkisfarbenen Terrasse nur eine Austern- und Muschelbude unter vielen an den Kais von Bouzigues. Aber „Chez la Tchèpe" genießt so etwas wie Kultstatus, weswegen vor allem am Wochenende die Schlange kein Ende nimmt. Austern, Herzmuscheln, Venusmuscheln stammen wie alle Schalentiere aus eigener Zucht im Étang de Thau. Und die Tielle sind nirgendwo besser.

Chez la Tchèpe, 14, Avenue Louis-Tudesq, F-34140 Bouzigues (nördl. von Sète), www.chezlatchepe.fr

3

CHEZ LANCHOIS

Wo der Canal du Rhône in den Étang de Thau mündet, stehen vor einer Halle ein paar verblichene Tische. Drinnen schweben bunte Papierschirme über der aus einem Bootsrumpf gebauten Theke. Joshua Choukroun, Patron des coolen Uferrestaurants, serviert Tintenfischsalat mit geräucherten Chilischoten oder Barschtartar mit Mangos. „Globetrotter-Küche“ nennt der Dreißigjährige seinen Stil.

Chez Lanchois, 9, Rue d'Amsterdam, F-34200 Sète, www.chezlanchois.fr

LE ST-BARTH

Tarbouriech-Austern sind riesig, fest im Fleisch, und heißen nach ihrem Produzenten: Florent Tarbouriech. Der Austernzüchter lässt die Austern mit von Solarkraft betriebenen Geräten regelmäßig aus dem Wasser der größten Salzwasserlagune Europas hieven. Die Austern öffnen und schließen sich und werden auf Diät gesetzt. Ihr Fleisch wird fester, das Perlmutt porzellanweiß mit leichten Rosatönen. Probieren kann man sie in der Austernbar am Étang de Thau. Den Blick aufs Wasser gibt es inklusive.

Le St-Barth, Maison des pêcheurs, Chemin des Domaines, F-34340 Marseillan (nordöstl. von La Fadèze), www.lestbarth.com

5

LE COMPTOIR NATURE

Ein Hausboot wird kommen nach Le Somail, und mit etwas Glück hat der Hobbykapitän einen Platz im netten Café-Restaurant bei der alten Brücke reserviert. Käse, Säfte und Gemüse sind bio, das Eis stammt vom Bauernhof, das Fleisch trägt das Lavel Rouge für hohe Qualität. Und die von Bäumen beschattete Terrasse ist immer noch der schönste Platz im Kanaldorf, um das Treiben auf dem Canal du Midi zu beobachten.

Le Comptoir Nature, 1, Chemin du Halage, F-11120 Le Somail (15 km nordw. von Narbonne), http://comptoirnature.free.fr

LE FANAL

„Ich koche nur lebendige Fische“, scherzt Pacal Borrel, „und die kaufe ich bei Jean-Marc und Henri.“ Sprach‘s und zeigt auf die Boote der beiden Fischer seines Vertrauens, die in Sichtweite der Terrasse ankern. Welcher Fisch auf der Karte steht, entscheidet sich nach jeder Ausfahrt immer wieder neu. Das Tartare de la Mer wechselt daher fast täglich.

Le Fanal, 17, Avenue du Fontaulé, F-66650 Banyuls sur Mer (südl. von Collioure), www.pascal-borrel.com

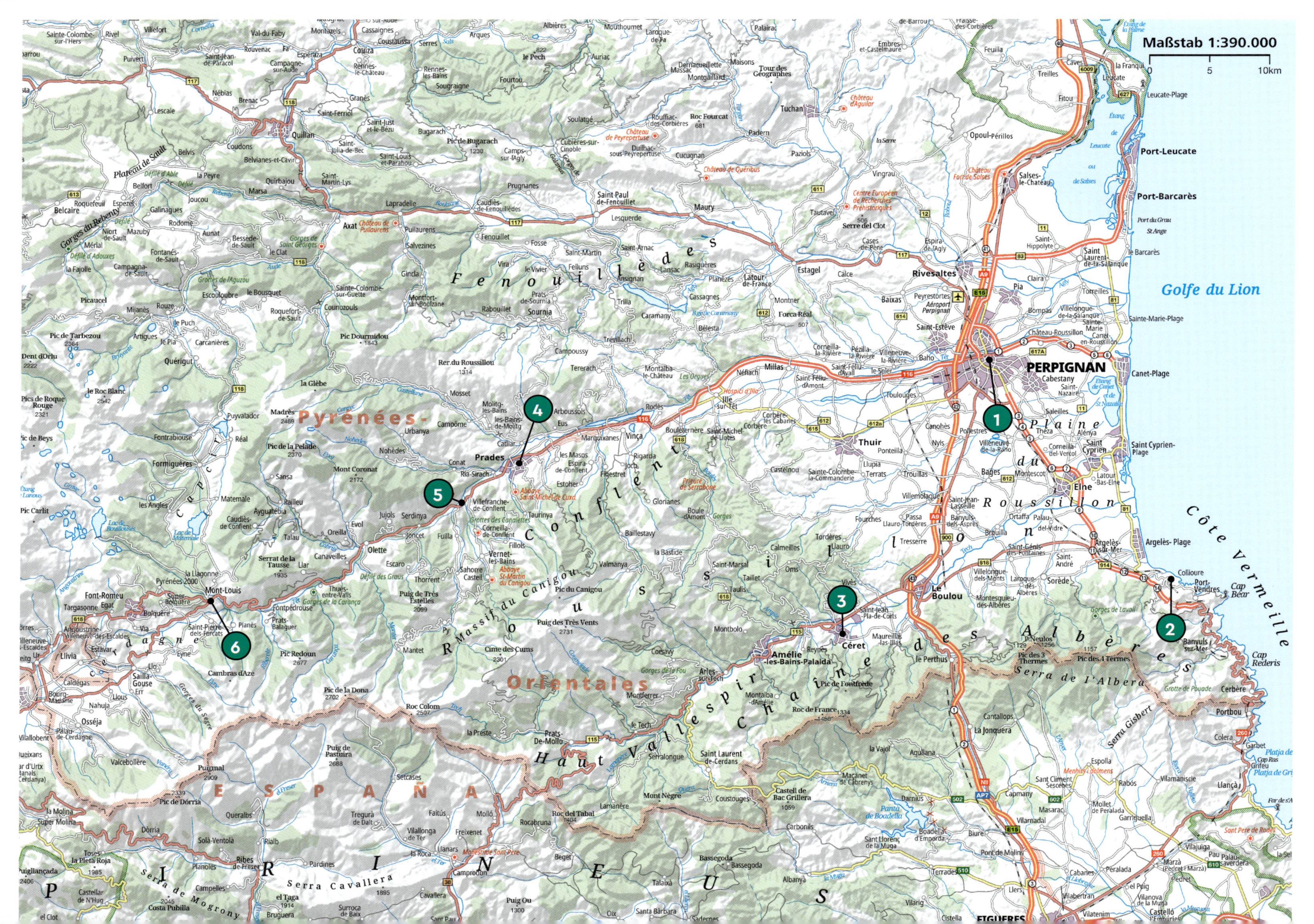

Maßstab 1:390.000
0
5
10km
Golfe du Lion
Côte Vermeille
PERPIGNAN
Plaine du Roussillon
Fenouillèdes
Conflent
Massif du Canigou
Pyrénées-Orientales
Capcir
Cerdagne
Vallespir
Haut Vallespir
Chaîne des Albères
Serra de l'Albera
ESPAÑA
PIRINEUS
Serra Cavallera
Serra de Mogrony
Port-Leucate
Port-Barcarès
Canet-Plage
Saint Cyprien-Plage
Argelès-Plage
Collioure
Port-Vendres
Banyuls-sur-Mer
Cerbère
Cap Béar
Cap Rederis
Portbou
Rivesaltes
Thuir
Elne
Le Boulou
Céret
Amélie-les-Bains-Palalda
Prades
Mont-Louis
Quillan
Estagel
Millas
Pic du Canigou
Figueres
1
2
3
4
5
6

MORGENS PISTE, NACHMITTAGS STRAND

Nah rücken die Pyrenäen an den Strand. Während an den Stränden der Côte Sableuse und in den Felsbuchten der Côte Vermeille gebadet wird, laufen in den Hochtälern der Cerdagne und des Capcir noch bis tief ins Frühjahr die Skilifte. Dann beginnt die Saison für Wanderer und Mountainbiker. Und am Strand wird die Nacht zum Tag gemacht.

1 PERPIGNAN

Im Sommer heizt sich die Hauptstadt des Roussillon (erste Nennung 927) und zeitweilige Residenz der Könige von Mallorca (1276–1344) zum heißesten Ort Frankreichs auf. Wenn die Hitze in den Gassen steht, hält es die Stadt (120 000 Einw.) wie die katalanische Schwester Barcelona: mittags Siesta, abends Fiesta.

SEHENSWERT

Im **Palais des Rois de Majorque** residierten die Könige von Mallorca. Zentrum der sternförmigen Anlage (13. Jh.) ist der Ehrenhof mit doppelstöckigen Arkaden und monumentalen Treppen; in der wuchtigen Torre Major sind zwei übereinanderliegende Kapellen und königliche Gemächer zu besichtigen (Rue des Archers; Juni–Sept. 10.00–18.00, sonst 9.00–17.00 Uhr).

Elegante Geschäfte und Bars säumen die mit Olivenbäumen bepflanzte **Place Gambetta;** in der Mitte plätschert ein Marmorbrunnen (1431). **St-Jean-le-Vieux** auf der Ostseite des Platzes entstand im 11. Jh. Neben Perpignans ältester Kirche begannen die Mallorquiner 1324 mit dem Bau der gotischen **Cathédrale St-Jean-Baptiste** (tgl. 8.00–18.00 Uhr). Herz der Altstadt ist die **Place de la Loge** mit der gotischen **Loge de Mer** (1397), dem **Hôtel de Ville** (1315) und dem **Palais de la Députation Provinciale** (1448).

Die Backstein-Torburg **Le Castillet,** Überrest der mittelalterlichen Befestigungen, ist Pflicht: Vom Donjon überblickt man die Altstadt vor der Silhouette des Massif du Canigou (Juni–Sept. tgl. 10.30–18.30, sonst Di.–So. 11.00–17.30 Uhr).

Das **Quartier St-Jacques** in der Oberstadt ist ein bisschen nordafrikanischer Souk, ein bisschen Roma- und Sinti-Dorf. Über der Place du Puig, dem Herz des Viertels, thront die gotische **Église St-Jacques** (Urspr. 13. Jh.; Juli–Aug. 9.30 bis 18.30 Uhr, sonst kürzer).

MUSEUM

Das **Musée des Beaux-Arts Hyacinthe Rigaud** zeigt Malerei vom 13. Jh. bis zur Moderne, u. a. von Rigaud, Alechinsky, Breughel, Calder, Ingres und Picasso (21, Rue Mailly, www.musee-rigaud.fr; Juni–Sept. tgl. 10.30–19.00, sonst Di.–Sa. 11.00 bis 17.30, So. 14.30–17.30 Uhr).

HOTEL UND RESTAURANTS

Im **€€/€ Nyx Hotel** sind die Zimmer modern, teils mit Balkon oder Terrasse (62 bis, Avenue du Général-de-Gaulle, F-66000 Perpignan, Tel. 04 68 34 87 48, www.nyxhotel.fr). Fischgerichte prägen die Karte des familiären **€€ La Passerelle** (1, Cours Palmarole, Tel. 04 68 51 30 65), moderne Regionalküche die des **€€/€ La Garriane** (15, Rue Valette, Tel. 04 68 67 07 44).

VERANSTALTUNGEN

Zur **Osterprozession** (Karfreitag; 15.00–18.00 Uhr) tragen die Mitglieder der Confrérie de la Sanch rote Kapuzenhüte und weite Gewänder. Die **Festa Major** ist ein einwöchiger Festreigen um den 23. Juni (Johannistag) mit traditionellen Tänzen, Markt und Feuerwerk.

UMGEBUNG

Die 1497 aus roten Ziegelsteinen und weißgelbem Haustein errichtete **Forteresse de Salses** (15 km nördl.) entstand auf Befehl des spanischen Herrscherpaares Ferdinand II. von Aragon und Isabella von Kastilien als Grenzfeste zu Frankreich. Von der gewaltigen Anlage mit zwei Festungsgräben und Zwillingstürmen schweift der Blick über die Salzlagune **Étang de Leucate ou Salses** und die Pyrenäen (www.forteresse-salses.fr; April–Sept. tgl. 10.00–18.30, sonst tgl. 10.00–12.15 und 14.00–17.00 Uhr).

INFORMATION

Office de Tourisme, Place de la Loge, F-6600 Perpignan, Tel. 04 68 66 30 30, www.perpignantourisme.com

BODEGA, BODEGA

Ein Hauch von Movidà weht über den Stränden von Toreilles-Plages (www.torreilles.fr). Dafür sorgen die Paillottes, aus Holzplanken und Design-Versatzstücken zusammengebastelte Strandrestaurants mit Sonnenliegen, topaktuellem Soundteppich und Chillout-Garantie. Die Coolste? Ist der „Zaza Club". Eine Institution? „Le Maya", beide am Südstrand. Die Entspannteste? Die „Paillotte Camping des Dunes" mit ihren großen Sonnensegeln.

Die reizvolle Bucht von Collioure diente schon vor der Zeitenwende als Hafenplatz

2 COLLIOURE

Der schönste Badeort an der Côte Vermeille (3000 Einw.) mit antiken Wurzeln lebt noch von Fischfang und Weinbau. Dank seiner Strände und der traumhaften Bergkulisse spielt allerdings Tourismus längst die erste Rolle.

SEHENSWERT

Was u.a. Matisse und Braque ab 1905 auf die Leinwand brachten, zeigt der **Chemin du Fauvisme,** ein ausgeschilderter Weg mit 19 Abbildungen der Originalgemälde und Erklärungen (Führungen über die Maison du Fauvisme, 10, Rue de la Prud'homie, Tel. 04 68 82 15 47). In der **Wehrkirche Notre-Dame-des-Anges** (17. Jh.) wird ein goldprangender Altar im katalanischen Barock verwahrt (tgl. 9.00–12.00 und 14.00 bis 18.00 Uhr). Hinter der Kirche zieht sich das engmaschige **Altstadtviertel Mouré** den Hügel hoch. Über dem Hafenbecken des **Vieux Port** thront das 700 Jahre alte **Château Royal** (Juli und Aug. tgl. 10.00–19.00, sonst tgl. 9.00–17.00 Uhr), urspr. Burg der Könige von Mallorca und Aragon. Im **Musée Peské** wird zeitgenössische Kunst gezeigt (Route de Port-Vendres; Sommer tgl. 10.00 bis 12.00 und 14.00–18.00 Uhr, sonst Di. geschl.).

HOTEL UND RESTAURANT

Die **€€€/€€ Casa Pairal** ist eine katalanische Villa aus dem 19. Jh. mit Palmengarten und Pool (Impasse des Palmiers, Tel. 04 68 82 05 81, F-66190 Collioure, www.hotel-casa-pairal.com).
Im winzigen Altstadtlokal **€€ Le 5ème Péché** ist die Küche japanisch-katalanisch (18, Rue de la Fraternité, Tel. 04 68 98 09 76).

VERANSTALTUNGEN

Zur **Fête de la St-Vincent** (14.–18. Aug.) gehören Ball, Seeschlacht, Corrida und Feuerwerk.

Hochgebirgslandschaft mit dem Lac de Bouillouses, der im Winter vollkommen zufriert

UMGEBUNG

Wichtigster Fischerei- und Handelshafen der Côte Vermeille ist **Port-Vendres** (3,5 km südl.). Das Badeörtchen **Banyuls-sur-Mer** (10 km südl.; www.banyuls-sur-mer.com) liegt an einer weit geschwungenen Bucht mit Kieselstrand. Oberhalb der verschachtelten Altstadt sprießen Grenache-Reben, die Banyuls unter Weinkennern zum Begriff machen. Der Banyuls gewinnt seine Süße durch den Zusatz von Weingeist während des Gärungsprozesses.

INFORMATION

Office de Tourisme, Place du 18 Juin, F-66190 Collioure, Tel. 04 68 82 15 47, www.collioure.com

Von Weinreben bestimmt: Hinterland von Perpignan

3 CÉRET

Bekannt ist die schmucke Hauptstadt des Vallespir (8000 Einw.) für Kirschen. Sie werden dank der 310 Sonnentage im Jahr früher als anderswo in Frankreich reif; Das erste Körbchen der Saison erhält der Präsident der Republik.

SEHENSWERT

Der **Pont du diable** überspannt seit dem 14. Jh. den Tech. Zwischen der **Porte de France** und der **Tour d'Espagne** (beide 13. Jh.) verwinkelt sich die Altstadt mit der romanisch-gotischen **Église St-Pierre** in der Mitte. Die **Fontaine dels Nou Reigts** auf der Place des Neuf-Jets soll aus dem 15. Jh. stammen.
Im **Musée d'Art** hängen neben zeitgenössischer Kunst Werke u.a. von Picasso, Braque, Max Jacob, die um 1910 im „Mekka des Kubismus" entstanden sind (8, Boulevard du Maréchal Joffre, www.musee-ceret.com; Juli–Sept. tgl. 10.00 bis 19.00 Uhr, sonst nur Di.–So. und kürzer).

UMGEBUNG

Vallespir heißt das obere Tech-Tal, reich an Eichen-, Buchen- und Kastanienwäldern. Besuchermagnet ist der Kurort **Amélie-les-Bains** (www.amelie-les-bains.com). Westlich von Arles-sur-Tech führt ein Metallsteig durch die **Gorges de la Fou;** in der 2 km langen, bis zu 200 m tiefen, stellenweise nur knapp 1 m breiten Felsklamm gedeihen 83 botanische Raritäten, darunter Maulbeerbäume (www.sudcanigo.com/item/les-gorges-de-l-fou).

INFORMATION

Office de Tourisme, 5, Rue St-Ferréol, Tel. 04 68 87 00 53, F-66400 Céret, www.vallespir-tourisme.fr

4 PRADES

Im Conflent nehmen Aprikosen- und Pfirsichplantagen kein Ende. Die zweitgrößte Stadt des Roussillon und Hauptort des Conflent (6100 Einw.) nennt sich „Hauptstadt des Obstanbaus".

SEHENSWERT

Die **Église St-Pierre** (17. Jh.) ist reich ausgestattet (tgl. außer So.-Nachmittag 8.30–18.00 Uhr). Noch kostbarer ist der Kirchenschatz Le Trésor (Rue de l'Église; Mitte Juni–Sept. Di.–Sa. 10.00 bis 12.30 und 14.30–18.00 Uhr).

AKTVITÄTEN

Exkursionen zum **Pic du Canigou** mit Jeep, Wanderungen, Übernachtung in Berghütten sind über das Syndicat mixte Canigou-Grand Site zu realisieren (Tel. 04 68 96 45 86, www.canigo-grandsite.fr).

UMGEBUNG

Die **Abbaye de St-Michel-de-Cuxa** (10.–12. Jh.; 3 km südl.) ist ein Paradebeispiel für Roussillon-Romanik; der quadratische, zinnengekrönte Kirchturm Wahrzeichen des Conflent. Die Abtei überstand die Französische Revolution nahezu unversehrt – bis 1907 ein Kunsthändler Teile des 1140 aus rosafarbenem Marmor errichteten Kreuzgangs an ein New Yorker Freilichtmuseum verkaufte (https://abbaye-cuxa.com; April–Sept. tgl. 9.30–11.50 und 14.00–18.00 Uhr, sonst kürzer).

INFORMATION

Office de Tourisme, 10, Place de la République, F-66500 Prades, Tel. 04 68 05 41 02, www.tourisme-canigou.com

ESSIG AUS DER MANUFAKTUR

Was das Geheimnis eines aromaintensiven Essigs ist? „Ein guter Vin doux naturel de Banyuls, Luft und Wasser", antwortet Nathalie Lefort, Chefin der „La Guinelle". Ihren Essig gibt es in Rot (Aromen roter Beeren, ideal zu Salaten, Erdbeeren, Carpaccio oder Anchovis) und Weiß (Aromen von Pomelos und Zitrusfrüchten, ideal zu Fisch, Austern und Nüssen).

***La Guinelle d'en-bas,** Cosporons (nordw. von Banyuls), www.levinaigre.com*

VILLFRANCHE

Der kleine, im 11. Jh. weitgehend aus rosa Marmor zum Schutz der umliegenden Region errichtete Festungsort (240 Einw.) ist das Tor zu den Tälern des Têt, des Cady und der Rotja.

SEHENSWERT
Die interessant ausgestattete romanische **Église St-Jacques** (12. Jh.; tgl. 10.00–12.00 und 14.00 bis 18.00 Uhr) überragt ein gotischer Glockenturm. Die im 17. Jh. von Vauban mit Bastionen verstärkten **Festungsmauern** können bestiegen werden (Zugang 2, Rue St-Jean; Juni–Sept. tgl. 10.00–19.00/20.00 Uhr, sonst kürzer).
Überdie mittelalterliche Brücke **Pont St-Pierre** gelangt man zu den „1000 Stufen", einem in den Fels gehauenen steilen Gang. Er endet am Vaubanschen **Fort Libéria** (1681) hoch über Villefranche (www.fort-liberia.com; Juni–Sept. tgl. 9.00–19.00/20.00 Uhr, sonst kürzer).

UMGEBUNG
Vom Weiler Casteil (11 km südl.) führt ein steiler Wanderweg zur romanischen **Abbaye de St-Martin-du-Canigou** (45 Min.), einer 1009 geweihten, verfallenen Abtei (www.stmartinducanigou.org; Führungen Juni–Sept. tgl. stdl. 10.00–12.00 und 14.00–17.00, sonst Di.–So. 10.00, 11.00, 14.00, 15.00 und 16.00 Uhr).

INFORMATION
Office de Tourisme, 33, Rue St-Jacques, F-66500 Villefranche-de-Conflent, Tel. 04 68 05 41 02, www.tourisme-canigou.com

MONT-LOUIS

Die Garnisonsstadt (200 Einw.) auf 1600 m Höhe gleicht einer Festung. Als solche ließ Ludwig XIV. den Ort vom Festungsbaumeister Vauban ausbauen, um den Zugang zur Cerdagne abzuriegeln.

SEHENSWERT
Hinter dem Haupttor **Porte de France** überrascht eine wie am Reißbrett entworfene Anlage. Über der höchstgelegenen **Festung** Frankreichs erhebt sich die von der Armee genutzte Zitadelle (Sept.–Juni 9.00–12.30, 14.00–17.00, Juli bis Aug. bis 18.00 Uhr)).

UMGEBUNG
Das 20 km lange Hochtal des **Capcir** (6 km nördl.) ist für Skipisten, Wanderwege und Mountainbiketrails bekannt (www.pyrenees-catalanes.net). Etwas nördlich von Mont-Louis führt die D 60 immer am Têt lang zum 2020 m hoch gelegenen **Lac des Bouillouses;** im Frühsommer erblühen an den Ufern des Stausees Gebirgsazaleen. Von der Schankwirtschaft kann man zur Besteigung des 2921 m hohen Pic Carlit aufbrechen.
Die von majestätischen Pyrenäengipfeln gerahmte Hochebene der **Cerdagne** gehört halb zu Frankreich, halb zu Spanien, im Sommer vor allem der karamellfarbenen Rinderrasse La Rosée des Pyrénées. Im Winter wird der Hauptort **Font-Romeu** von Skifahrern gestürmt (www.pyrenees-cerdagne.com).

INFORMATION
Office de Tourisme, 1, rue Emile Zola, F-66210 Mont-Louis, Tel. 04 68 04 21 97, www.mont-louis.net

EIN GRENZGANG

Der Chemin Walter Benjamin folgt von Banyuls-sur-Mer der Fluchtroute des jüdischen Berliner Intellektuellen über die spanische Grenze. Auf der Flucht vor den sich auch in Frankreich breitmachenden Nazis war der 48 Jahre alte Schriftsteller an der Côte Vermeille angekommen. Freunde hatten die Flucht über den alten Schmugglerpfad von Banyuls-sur-Mer nach Portbou organisiert.

Vom Rathaus führt der Weg entlang dem Flüsschen Baillaury zum Weiler Puig del Mas. Danach geht es Richtung Weinberge. Dann steigt der Weg in den Wald hoch. Am Horizont taucht die Ruine des Tour de Querroig auf, ein Wachturm. Nun beginnt der schwierigere, fast alpine Wegabschnitt. Am 26. September 1940 hat der herzkranke Benjamin die Strecke mit über 500 zu überwindenden Höhenmetern unter großer Mühe zurückgelegt. Mit sich trug er eine schwere Aktentasche mit Manuskripten. Dann ist mit dem Col de Rumpissar (538 m) der höchste Punkt der Wanderung erreicht. Gedenktafeln mit Zitaten von Benjamin, die der Memorial Democràtic der Generalitat von Katalonien aufstellen ließ, begleiten jetzt den Weg, der als breiter Wirtschaftsweg nach Portbou abfällt.

Im spanischen Grenzort wurde Benjamin mitgeteilt, dass nur Personen mit einem französischen Ausreisevisum einreisen könnten. Die Auskunft war falsch. Benjamin fürchtete, ins besetzte Frankreich umkehren zu müssen und nahm sich in der Nacht das Leben. An die gescheiterte Flucht erinnern die Passagen des israelischen Künstlers Dani Kharavan: Ein Schacht aus rostigem Stahl fällt von den Klippen ins Meer ab.

Start bzw. Ziel: Banyuls (Frankreich) beim Rathaus, Portbou (Spanien), beim Mémorial Walter-Benjamin; Bahnverbindung Portbou–Banyuls (ca. 30 Min. Fahrzeit, www.sncf-connect.com)

Länge und Dauer: 16 km, Tageswanderung; Chemin Walter-Benjamin, mittel bis schwer

Ausrüstung: Wasser, Proviant, Hut, Sonnencreme, festes Schuhwerk. Es gibt wenig Schatten und keine Einkehrmöglichkeit.

Informationen: www.historia-viva.net/de

Oursin
Praires
Pinces de Tourteaux
1kg 3995 €
MORIN

Toulouse und der Westen

ANFLUGSZIEL ZUKUNFT

Toulouse hebt ab – die Stadt ist dank Airbus der Nabel der französischen Luftfahrtindustrie. Ein Grund zum Strahlen sind auch die vielen frisch restaurierten Backsteinfassaden – sie brachten der Hauptstadt Okzitaniens den Ruf als Ville rose ein. Im Weinbau gibt es viel Neues, und die Zahl der Bastiden im Kreis der „schönsten Dörfer Frankreichs“ ist rekordverdächtig.

Toulouses Markthalle Victor-Hugo bietet die besten Lebensmittelangebote ganz Frankreichs

An der arkadengesäumten Place du Capitole schlägt das Herz von Toulouse

Der Pont St. Pierre führt über die Garonne zum gleichnamigen Platz, einem beliebten Treffpunkt der Toulouser Studenten

Rosa ist Farbe von Toulouse. Rosa, wie der Backstein, aus dem die Stadt gebaut ist. Im Lauf des Tages steigert es sich von einem morgendlichen Lachsgrau zu einem bei Sonnenuntergang goldgetränktem Zyklam. Am eindruckvollsten lässt sich das Farbspiel an den Ufern der Garonne verfolgen. Wenn die Sonne früh an der Place de la Daurade noch kraftlos über den Platanen auftaucht, schimmert auf dem gegenüberliegenden Garonne-Ufer die Kuppel des ehemaligen Hôtel-Dieu in zaghaftem Graurosa. Abends hat die Sonne das Flussufer gewechselt. Ausgeglüht beleuchtet sie nun von Westen die Altstadtsilhouette. Kirchen, Renaissancehöfe und barocke Hôtels particuliers strahlen dann im satten Rot der Backsteine.

Anfang der 1990er-Jahre hat die Stadt ein Reinigungsprogramm für die von dunklen Flechten abgestumpften Fassaden aufgelegt. Grauweiße Putzschichten, mit denen man die Fronten im 19. Jahrhundert zugekleistert hatte, wurden abgeschlagen, die Steine sandgestrahlt und versiegelt. Es war die Wiedergeburt der Ville rose, als die sich Toulouse vor dreihundert Jahren erstmals gefeiert hatte.

AIRBUS CITY

Die Endmontagehalle Jean-Luc Largardère, wo der A380 bis zum endgültigen Auslaufen der Produktion 2021 montiert wurde, ist fast einen halben Kilometer lang und wirkt so aseptisch sauber wie ein OP-Saal. Kein Staub, keine Schmiere nirgends, dafür ein Hauch von Hochsicherheitstrakt. Markierungen auf dem blitzblanken Beton schreiben auch Besuchern jeden Schritt vor. Hinein kommt man zur angemeldeten Führung nur, wenn man den Personalausweis mitbringt. Die meisten Besucher stammen übrigens aus Toulouse und Umgebung.

Die Leidenschaft fürs Fliegen hat hier eine lange Geschichte. In den späten 1920er-Jahren startete Antoine de Saint-Exupéry, der Autor des weltbekannten „Kleinen Prinzen“, als Postpilot von Toulouse nach Nordafrika. Noch vor der abenteuerlichen Ära der Aéropostale-Flieger wurden in Toulouse die ersten Flugzeuge gebaut. Am Anfang waren es Doppeldecker. Es folgte die Caravelle, später die Concorde. Heute kann jedes Kind in der Stadt die Silhouette eines A320 von der eines A340 am Himmel unterscheiden.

TOULOUSE … IST EINE GROSSE SÜDLICHE STADT … NICHT DER SÜDEN IN AZURBLAU UND GOLD, DER POSTKARTENSÜDEN WIE AN DER CÔTE D‘ AZUR, SONDERN EIN SÜDEN, DER VERSCHLEIERTER, FEUCHTER IST.«

Pierre Gamarra, Schriftsteller (1961)

Mit Blick auf die Altstadtdächer: Bar „Ma biche sur le toit“ in den Galeries Lafayette von Toulouse

Die Rue du Taur ist eine der schönsten Bummelmeilen von Toulouse

Halle de la Machine: Der vollständig bewegliche Minotaurus kann bei Ausflügen in die Umgebung bis zu 50 Personen auf seinem Rücken tragen

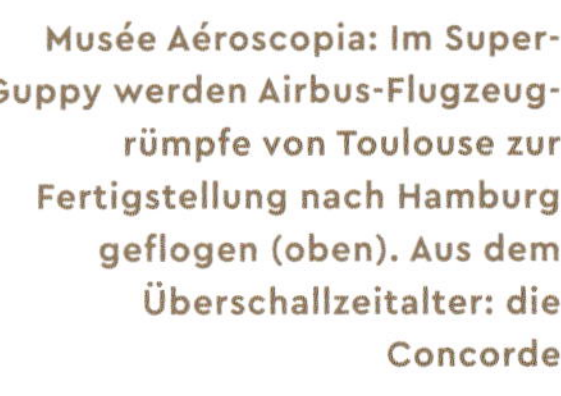

Musée Aéroscopia: Im Super-Guppy werden Airbus-Flugzeugrümpfe von Toulouse zur Fertigstellung nach Hamburg geflogen (oben). Aus dem Überschallzeitalter: die Concorde

Im Raumfahrtmuseum Cité de l'Espace ist dieses Modell der russischen Raumstation Mir zu sehen

Zu Besuch auf dem Mond im Toulouser Raumfahrtmuseum Cité de l'Espace

DER FEUERVOGEL

Vor über 50 Jahren, am 2. März 1969, hob der Prototyp 001 der Concorde zum ersten Mal ab – in Toulouse, wo der französisch-britische Überschallvogel gebaut wurde.

Zwanzig Jahre dauerte es von der ersten Skizze bis zum eröffnenden Linienflug im Januar 1976. Das Überschallpassagierflugzeug brauchte auf den Linien Paris- beziehungsweise London–New York mit 3 bis 3,5 Stunden nur rund die Hälfte der Zeit, die seinerzeit übliche Unterschallflugzeuge benötigten.

Das Aus kam schneller als der Schall. „Concorde 4590, Sie haben Flammen hinter sich!" meldete der Fluglotse am 25. Juli 2000 den Air-France-Piloten, die in Paris gerade Richtung New York abgehoben hatten. Zu spät. Die Concorde stürzte ab. 113 Menschen starben, darunter 97 Passagiere aus Deutschland. Unfallursache war ein geplatzter Reifen – ein zuvor gestartetes Flugzeug hatte ein kleines Triebwerksteil verloren. Reifenfetzen beschädigten die Flügelstruktur und führten zum Austreten von Treibstoff, der sich am Triebwerk entzündete.

Bis dahin war die Concorde fast 25 Jahre lang auf kommerziellen Flügen unterwegs – ohne dass es dabei einen nennenswerten Vorfall gegeben hätte. Bemängelt wurden allerdings die geringe Reichweite und der enorme Lärmpegel des politischen Prestigeprojektes. Der letzte kommerzielle Air-France-Flug einer Concorde fand drei Jahre nach dem Unglück statt. Damit war das Kapitel des zivilen Überschallflugs vorerst abgeschlossen.

NATIONALGUT TRÜFFELMARKT

Mitte Februar in Lalbenque in der Limogne, dem Trüffelland östlich von Cahors. Das Dorf gehört wegen seines Marché aux Truffes zu den „Sites remarquables du goût". Die Ehrung von höchstministeriellen Weihen wird an Orte vergeben, die das nationale Gaumenerbe repräsentieren und bewahren.

Für beides steht der Trüffelmarkt, wie Alain Ambialet versichert. Monsieur Ambialet ist „Président du Syndicat des Trufficulteurs de Lalbenque." Ihm obliegt es, jedem Anbieter ein Kärtchen vorzulegen, auf dem Name und Adresse einzutragen sind und man per Unterschrift die Marktregeln anerkennt. Zugelassen sind nur Trüffel der als edler geltenden Sorte Tuber Melanosporum und die kulinarisch uninteressantere, günstigere Tuber Brumale. Die Trüffel müssen auf einem Brett drapiert werden und sollten nur grob gereinigt sein, damit sie sich länger halten.

VERTRAUEN IST GUT, KONTROLLE IST BESSER

Punkt 14.30 Uhr erfolgt der Anpfiff zur Markteröffnung. Bereits aus den Augenwinkeln stellen Trüffelkenner fest, wenn der Anteil Erde die tolerierten 15 Prozent überschreitet oder gar minderwertige Trüffelsorten unter den Tuber Melanosporum gemogelt wurden. Nach der Transaktion schreiten die Käufer vors Rathaus, wo mit einer öffentlichen Waage das Gewicht des erstandenen Trüffelloses überprüft wird. Kontrolle ist besser.

Hoch über Albi: die Cathédrale Sainte-Cécile

Place des Arcades in Castelnau-de-Montmiral: Die umliegenden Arkaden bieten bei Regen und Sonne Schutz

WIEDERAUFBAU IM MITTELALTER

Ab dem 13. Jahrhundert schossen in ganz Okzitanien neue Orte aus dem Boden – die nach einheitlichen Plänen gegründeten Bastiden. Mit dem städtebaulichen Masterplan sollte der nach dem Kreuzzug gegen die Albigenser entvölkerte Südwesten Frankreichs wieder belebt werden.

In Cordes gelang das Experiment. Davon kündet hinter drei mittelalterlichen Stadttoren die auf himmelstürmenden steinernen Pfeilern ruhende Markthalle, dafür legen die gotischen Prachtfenster der Maison du Grand Veneur oder der überbordende Fassadenschmuck der Maison du Grand Fauconnier Zeugnis ab. Es sind nur zwei unter den vielen gotischen Palais, die es an Pracht mit den Palazzi in Siena oder Gent aufnehmen können. 1993 erhielt die auf einer steilen Anhöhe thronende Bastide per Dekret den erweiterten Ortsnamen Cordes-sur-Ciel. Heute ist das wirklich himmlisch schöne Örtchen eines der wenigen übers ganze Jahr brummenden Dörfer Okzitaniens.

Castelnau-de-Montmirail wurde wie Cordes 1222 als eine der ersten Bastiden gegründet. Auch hier verlaufen die Gassen im strengen Schachbrettmuster. Wieder ist das Herz ein zentraler Marktplatz, wiegen die gotischen Arkaden schwer. Doch obwohl auch Castelnau unter den „schönsten Dörfern Frankreichs" gelistet wird, ist hier alles anders. Im Café sind nur wenige Tische besetzt. Denn die Lage abseits großer Verkehrsachsen drosselt den Besucheransturm – was allerdings auch ein positiver Aspekt sein kann.

SCHOCKIERENDE BILDER

Der Schock kommt unvermittelt, bei der Fahrt über die Tarn-Brücke. Am anderen Ufer taucht die himmelstürmende Silhouette von Sainte-Cécile auf. Eine so feste Burg Gottes ist Albis Kathedrale, mit so mächtigen Türmen und so uneinnehmbar hohen Mauern, dass das eigene Auto im Schatten des abendländischen Bollwerks zur albernen Blechbüchse schrumpft. So einen Anblick vergisst man nicht.

Ausgerechnet einem, der mit der braven Provinz nicht viel am Hut hatte, ist das Museum im Bischofspalais neben Sainte-Cécile gewidmet. Die Rede ist von Henri de Toulouse-Lautrec, der 1864 als Spross eines uralten Grafengeschlechts in Albi zur Welt kam. Berühmt wurde er als Porträtist der leichten Mädchen vom Pariser Montmartre, das für 15 Jahre zu seiner Heimat wurde. Als der Maler mit 37 Jahren an Syphilis und Alkoholismus starb, fand sich kein Museum in der Hauptstadt, das bereit war, sein Œuvre als Geschenk anzunehmen. In Albi sah man es weniger eng und akzeptierte die von der Mutter angebotenen 300 Gemälde und Zeichnungen – und bereut es bis heute nicht.

»IN CORDES IST ALLES SCHÖN, SELBST DAS BEDAUERN.«

Schriftsteller Albert Camus

Die mittelalterlichen Mauern des Palais de la Berbie beherbergen heute das Musée Toulouse-Lautrec (links und oben)

Weinbau im Gaillac

IM HÖHENFLUG

Nicolas Hirissou, Winzer in sechster Generation auf der „Domaine du Moulin“, gilt als der Mann, der mit Gaillac-Weinen internationales Spitzenniveau erreicht hat. Der Vierundvierzigjährige mit der hünenhaften Figur eines Handballspielers – Hirissou hat in der Nationalliga für Libourne gespielt – ist zugleich passionierter Falkner.

Monsieur Hirissou, was macht einen Gaillac-Wein aus?

Nicolas Hirissou: Wir sind sehr stolz auf unsere autochthonen Rotweinreben wie den pfeffrigen Duras und die wuchtige Prunelart. Oder die ebenfalls autochthonen Weißweinreben, allen voran der elegante Odenc und die weit vom Rebauge ansetzende Loin de l'Œil-Traube. Hinzukommen ein paar südwestfranzösische, aber nicht hier heimische Rebsorten, die laut AOC-Reglement ebenfalls für die Appellation zugelassen sind. Etwa der erdige Braucol oder der aus der Abtei von Moissac stammende Mauzac.

Sind die nur im Gaillac vertretenen Rebsorten denn eher ein Hindernis oder sogar ein Standortvorteil?

Nicolas Hirissou: Die Vins de Gaillac gibt es in Rot, Weiß, Rosé. Neben trockenen Weißweinen, leichten Rosés und samtigschweren Rotweinen werden zudem süße Dessertweine, Spätlesen und Schaumweine produziert. Ein scharfes Profil sieht anders aus. Aber das Potenzial ist enorm und die Rebsorten sind eine Art Alleinstellungsmerkmal.

Seit ein paar Jahren sind die Weine des Gaillac im Kommen. Wie kam es dazu?

Nicolas Hirissou: Angefangen hat alles mit der Winzervereinigung Terres de Gaillac, die seit der Jahrtausendwende für das Pflanzen autochthoner Reben eintritt. Seitdem hat sich die Qualität der AOC Gaillac-Weine erfreulich gesteigert. Aber wir bleiben mit knapp viertausend Hektar eine kleine Appellation, die man leicht zwischen dem gewaltigen Rebenmeer des Languedoc im Süden und dem prestigeträchtigen Bordelais im Westen übersieht.

Mit der Cuvée „Cinto“ haben Sie nicht nur den teuersten Wein des Gaillac-Gebiets auf den Markt gebracht, sondern auch die Regeln der AOC verlassen. Woher kommt der Name?

Nicolas Hirissou: „Cinto“ heißt der Königsadler, mit dem ich auf Reh- und Wildschweinjagd gehe. Ich habe an den Höhenflug des Vogels gedacht, als ich die Cuvée aus Tannat, Syrah und Braucol kreiert habe.

Sie sind für den „Cinto“ vom amerikanischen Wine Enthusiast Magazine in die Auswahl der weltweit besten Rotweine gekommen. Macht Sie das stolz?

Nicolas Hirissou: Sicher, es hilft obendrein. Von den 1200 pro Jahr auf

Nicolas Hirissou mit seinem Adler im Weinberg

Weinprobe in Gaillacs Maison des Vins

INFORMATIONEN

Domaine du Moulin, *195, Chemin des Crêtes, F-81600 Gaillac, Tel. 05 63 57 20 52, www.ledomainedumoulin.com; Direktverkauf Mo.–Sa., Mai–Dez. auch So., 9.00–12.00 und 14.00–19.00 Uhr*

Maison des Vins de Gaillac, *Place St-Michel,* www.vins-gaillac.com/venir-nous-voir/la-maison-des-vins. *Die Maison ist so etwas wie die Vitrine des Anbaugebiets und hat in der Abbaye St-Michel einen würdigen Platz gefunden. Mehr als hundert Weine der Appellation stehen zur freien Probe und zum Kauf zum Weingutstarif bereit. Dazu gibt es Informationen zu allen Formen des Öno-Tourismus, vom B & B beim Winzer bis zu Weinwanderwegen.*

der „Domaine du Moulin" produzierten Flaschen gehen fast 80 Prozent in den amerikanischen Handel.

Was ist denn das Besondere am „Cinto"?

Nicolas Hirissou: Ich lasse nur vier Trauben pro Rebe hängen. Der Wein reift in langen, zigarrenförmigen Barriques. Das Ergebnis ist ein voluminöser Gaillac mit samtenen Tanninen. Aber wegen der aus dem Madiran-Gebiet stammenden Tannat-Reben trägt der „Cinto" kein AOC-Label. Ich muss die Rotweincuvée als Wein mit einer Indication Géographique Protegée vermarkten, also als Landwein mit Anzeige seiner geografischen Herkunft. Was französische Weintrinker abschreckt, vor allem bei einem Preis von sechzig Euro.

Sie sind nicht nur mit dem „Cinto" erfolgreich. Geht es auch klassischer?

Nicolas Hirissou: Unser Bestseller bleibt die kraftvolle Rotwein-Cuvée von alten Reben, die perfekt zu Rehbraten oder Entrecôte passt. Bereits einundzwanzigmal haben wir damit eine Goldmedaille beim Concours Vins du Sud Ouest eingeheimst. Einundzwanzigmal in fünfundzwanzig Jahren, um es präzise zu sagen.

Wo liegt die Zukunft?

Nicolas Hirissou: Das Problem des Gaillac ist heute nicht mehr, einen guten Wein zu produzieren, sondern ihn zu verkaufen. Wir müssen mehr für unseren Bekanntheitsgrad tun.

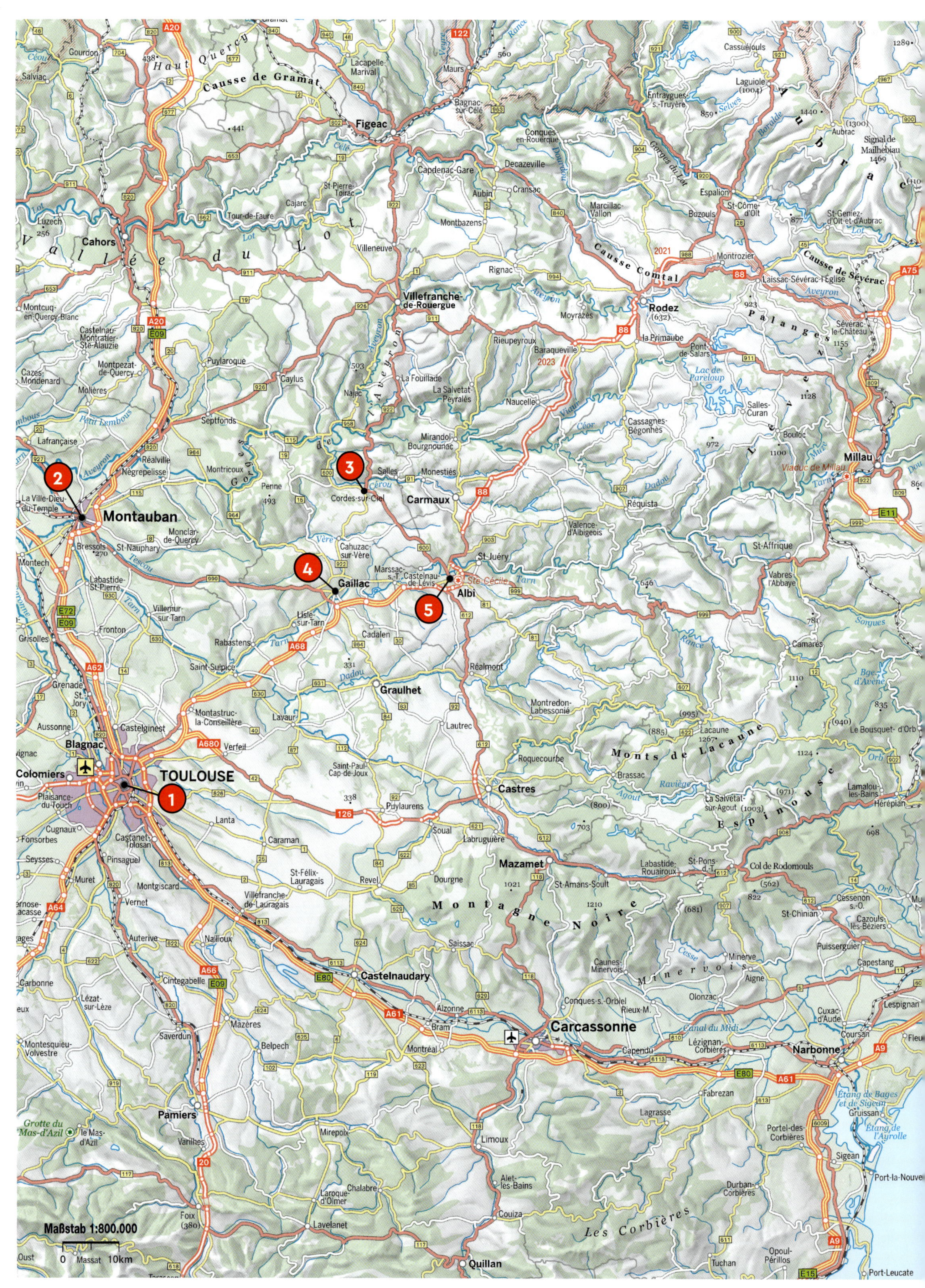

Haut Quercy
Causse de Gramat
Gourdon
Salviac
Figeac
Maurs
Lacapelle-Marival
Bagnac-sur-Célé
Conques-en-Rouergue
Decazeville
Capdenac-Gare
Cransac
Aubin
Montbazens
Entraygues-s.-Truyère
Cassuéjouls
Laguiole (1004)
Aubrac
Signal de Mailhebiau 1469
Espalion
St-Côme-d'Olt
Bozouls
Marcillac-Vallon
St-Geniez-d'Olt-et-d'Aubrac
Causse Comtal
Causse de Sévérac
Montrozier
Laissac-Sévérac-l'Église
Sévérac-le-Château
Rodez (632)
La Primaube
Pont-de-Salars
Palanges
Lac de Pareloup
Salles-Curan
Millau
Viaduc de Millau
Vallée du Lot
Luzech
Cahors
Cajarc
Tour-de-Faure
St-Pierre-Toirac
Villeneuve
Rignac
Villefranche-de-Rouergue
Moyrazès
Rieupeyroux
Baraqueville
Montcuq-en-Quercy-Blanc
Castelnau-Montratier-Ste-Alauzie
Montpezat-de-Quercy
Cazes-Mondenard
Molières
Puylaroque
Caylus
Najac
La Fouillade
La Salvetat-Peyralès
Naucelle
Cassagnes-Bégonhès
Septfonds
Lafrançaise
Réalville
Nègrepelisse
Montricoux
Penne
Mirandol-Bourgnounac
Monestiés
Salles
Cordes-sur-Ciel
Carmaux
Réquista
La Ville-Dieu-du-Temple
Montauban
Monclar-de-Quercy
Bressols
St-Nauphary
Montech
Labastide-St-Pierre
Villemur-sur-Tarn
Fronton
Cahuzac-sur-Vère
Gaillac
Marssac-s.-T.
Castelnau-de-Lévis
Albi
Ste-Cécile
St-Juéry
Valence-d'Albigeois
St-Affrique
Vabres-l'Abbaye
Camarès
Lisle-sur-Tarn
Rabastens
Cadalen
Saint-Sulpice
Grisolles
Grenade
St-Jory
Graulhet
Réalmont
Montredon-Labessonié
Lacaune
Monts de Lacaune
Le Bousquet-d'Orb
Aussonne
Blagnac
Castelginest
Montastruc-la-Conseillère
Lavaur
Verfeil
Lautrec
Colomiers
TOULOUSE
Plaisance-du-Touch
Cugnaux
Fonsorbes
Saint-Paul-Cap-de-Joux
Puylaurens
Roquecourbe
Brassac
Castres
La Salvetat-sur-Agout
Espinouse
Lamalou-les-Bains
Hérépian
Lanta
Castanet-Tolosan
Caraman
Soual
Labruguière
Mazamet
Labastide-Rouairoux
St-Pons-d.-T.
Col de Rodomouls
Seysses
Pinsaguel
Muret
Montgiscard
St-Félix-Lauragais
Revel
Dourgne
St-Amans-Soult
Montagne Noire
Villefranche-de-Lauragais
Vernet
Autérive
Nailloux
Saissac
Cessenon-s.-O.
St-Chinian
Cazouls-lès-Béziers
Puisserguier
Caunes-Minervois
Minerve
Minervois
Aigne
Capestang
Castelnaudary
Carbonne
Cintegabelle
Lézat-sur-Lèze
Mazères
Alzonne
Conques-s.-Orbiel
Rieux-M.
Olonzac
Lespignan
Cuxac-d'Aude
Coursan
Saverdun
Bram
Carcassonne
Canal du Midi
Capendu
Lézignan-Corbières
Narbonne
Montesquieu-Volvestre
Belpech
Montréal
Fabrezan
Étang de Bages et de Sigean
Gruissan
Étang de l'Ayrolle
Grotte du Mas-d'Azil
le Mas-d'Azil
Pamiers
Mirepoix
Limoux
Lagrasse
Portel-des-Corbières
Sigean
Port-la-Nouvelle
Varilhes
Chalabre
Laroque-d'Olmes
Alet-les-Bains
Durban-Corbières
Foix (380)
Lavelanet
Couiza
Les Corbières
Quillan
Tuchan
Opoul-Périllos
Port-Leucate
Maßstab 1:800.000
0 10km

AUFSTEIGER AUS DER PROVINZ

Rot wie der Backstein, aus dem die Stadt gebaut ist, leuchtet nicht nur Toulouse. Neben der lebenslustigen Hauptstadt Okzitaniens kommen auch Albi oder Montauban als in Backstein umgesetzte Verwirklichung von La Vie en Rose daher. So sehr es in den Städten brummt, so still ist das Land. Auf dem Programm: Entspannung und sinnliche Freuden.

1 TOULOUSE

Die Hauptstadt Okzitaniens (504 000 Einw., Großraum 818 000 Einw.) liegt zwei Autostunden vom Atlantik, eineinhalb vom Mittelmeer und eine von den Skipisten der Pyrenäen entfernt. Für lukrative Jobs sorgt u. a. Airbus, für Lebensqualität die rausgeputzte und verkehrsberuhigte Altstadt. Toulouse geht auf eine vorchristliche gallische Siedlung zurück, war römische Provinzhauptstadt, ab 413 westgotische Residenz und Ende des 8. Jh. Zentrum der fränkischen Grafschaft Toulouse, die 1271 an die französischen Könige fiel. Färberwaid zum Blau färben sorgte in der Renaissance für großen, bis heute sichtbaren Wohlstand. Später dauerte es lange, bis der Anschluss an die Industrialisierung gelang.

BESUCH BEI RIESEN

Die Riesen(-maschinen) sind los! Und begeistern dank ausgefeilter Technik tout Toulouse. Wenn die 13 m hohe Spinne oder der 14 m hohe Minotaurus nicht in den Straßen unterwegs sind, kann man die mit Hightech betriebenen, von der Compagnie des Machines gebauten Riesen in einem Bau ganz aus Holz, Stahl, Glas bewundern.

***Halle de la Machine,** 3, Avenue de l'Aérodrome de Montaudran, Toulouse, www.halledelamachine.fr; Sommer Di.–So. 10.00–19.00 Uhr, sonst verkürzte Öffnungszeiten*

Toulouse: die Basilika St-Sernin ist Bestandteil des französischen Jakobswegs

SEHENSWERT

Das **Capitole,** ein spätbarockes Palais (16. und 18. Jh.) mit 128 m langer Schaufassade zur von Arkaden gesäumten **Place du Capitole,** ist Sitz von Rathaus und Oper (historische Rathaussäle Ostern–Okt. Mo.–Sa. 8.30–19.00, So. 10.00–19.00 Uhr). Als Schlüsselbau der Languedoc-Romanik gilt die **Pilgerkirche St-Sernin;** Chor und Altar stammen von 1096, reich gestaltetes Tympanon, Kapitelle, Fresken aus dem 12. Jh. (Juni–Sept. tgl. 8.30–19.00 Uhr, sonst kürzer). Auch die gotische **Cathédrale St-Étienne,** um 1272 begonnen, ist romanischen Ursprungs. Zu den schönsten Altstadtstraßen zählen die verkehrsberuhigte **Rue du Taur** und die prachtvolle **Rue St-Rome.** Terrasse der Stadt mit Blick auf die Garonne und barocker **Basilika Notre-Dame-de-la-Daurade** (18. Jh.) ist die **Place de la Daurade,** bei der die Flusskais zum Flanieren einladen. Umtriebig und Café-gesäumt ist die **Place Wilson.**

Die **Airbus-Werke** im Vorort Blagnac können besichtigt werden (Let's Visit Airbus, Allée André-Turcat, www.manatour.fr; Ausweis mitbringen!). Im nahen **Musée des Ailes Anciennes** zeigen Flugzeugenthusiasten historische Luftfahrzeuge (Allée André Turcat, www.aatlse.org; Di.–Fr. 14.00–17.30, Sa. 9.00–17.30 Uhr). Gegenüber passiert in der **Aeroscopia-Halle** die Geschichte des Flugzeugbaus Revue (Rue Roger-Béteille, www.musee-aeroscopia.fr; tgl. 9.30–18.00 Uhr, Nebensaison kürzer). Die **Cité de l'Espace** lockt mit einem Themenpark zu Weltraumfahrt und Universum (Avenue Jean Gonord, 7 km östl. von Toulouse, www.cite-espace.com; April–Aug. tgl. 10.00 bis 17.00, sonst Di.–So. 10.00–17.00 Uhr).

MUSEEN

Romanik ist der Schwerpunkt der Skulpturensammlung des **Musée des Augustins;** zum Museum in einem gotischen Kloster gehört der Kreuzgang mit Heilkräutergarten (21, Rue de Metz, www.augustins.org; bis Mitte 2025 geschl.). Im Renaissancepalais Hôtel d'Assézat (1555) zeigt die **Fondation Bemberg** hochkarätige Gemälde von Corot, Manet, Tintoretto und Bonnard (Place Assézat, www.fondation-bemberg.fr; tgl. 10.00–18 Uhr, Aug.–April Mo. geschl.).

ERLEBEN UND AKTIVITÄTEN

Bateaux Toulousains bieten **Mini-Kreuzfahrten** auf Garonne, Canal de Brienne und Canal du Midi an (Quai de la Daurade, Tel. 05 61 80 22 26, www.bateaux-toulousains.com). Von Toulouse bis Port-Lauragais ist der Treidelpfad am Canal du Midi zum **Radweg** ausgebaut (49 km; Radverleih über VélôToulouse, www.velo.toulouse.fr).

HOTELS UND RESTAURANTS

€€€€/€€ Le Grand Balcon ist eine zum Design-Hotel umgebaute Legende (10, Rue Romiguière, F-31000 Toulouse, Tel. 05 34 25 44 09, www.grandbalconhotel.com). Hinter dem Art-Déco-Bug des **€€ Ours Blanc-Wilson** verbirgt sich 1930er-Jahre-Design (2, Rue Victor Hugo, F-31000 Toulouse, Tel. 05 61 21 62 40, www.hotel-oursblanc.com). Das **€€ St-Sernin** ist ein charmanter Belle-Époque-Bau (2, Rue St-Bernard, F-31000 Toulouse, Tel. 05 61 21 73 08, www.hotelstsernin.com).

€€€€ Michel Sarran, mit einem Michelin-Stern ausgezeichnet, bleibt in Toulouse das Maß aller kulinarischen Dinge (21, Boulevard Armand-Duportal, Tel. 05 61 12 32 32, www.michel-sarran.com). **€€/€ Le Genty Magre** serviert Terroirküche (3, Rue Genty Magre, Tel. 05 61 21 38 60, www.legentymagre.com).

EINKAUFEN

Fénétra (eine Art Gewürzkuchen) gibt es in der Pâtisserie À la Bonbonnière (41, Rue des Tourneurs, www.labonbonniere-patisserie.fr; Di.–Sa. 8.30–19.30 Uhr). Die Toulouser Spezialität **Violettes** (Veilchenbonbons) kauft man in der Maison de la Violette auf dem Canal du Midi (Ecke Boulevard Bonrepos/Allées Jean-Jaurès, www.lamaisondela violette.com; Mo.–Sa. 10.00–12.30 und 14.00 bis 19.00 Uhr).

INFORMATION

Office de Tourisme, Donjon du Capitole, F-31080 Toulouse, Tel. 05 17 42 31 31 (0,45 €/Min.), www.toulouse-tourisme.com

SONNE, WEINBERGE, DÖRFER MIT GESTRIGEM CHARME

1926 wurde der Lot aus dem Wasserstraßenverzeichnis gestrichen – heute ein Geheimtipp unter Hausbooturlaubern. Der Lot ist von Luzech bis Larnagol schiffbar (72 km). Die 17 Schleusen müssen von Hand betätigt werden. Ein Bootsführerschein ist zwar nicht erforderlich, einige Abschnitte besitzen aber stärkere Strömung – der Lot ist daher eher etwas für erfahrene Hausbootkapitäne. Eine Woche dauert die Passage von Douelle nach Larnagol und zurück. Douelle war im Mittelalter ein wichtiger Hafen. Bei der Ankunft in Cahors muss das Boot die gotischen Arkaden des Pont Valentré passieren. In der Markthalle gibt es zur Belohnung regionale Leckereien. Tags darauf erscheint St-Cirq-Lapopie auf einer 80 m hohen Felskante. Steil ist der Anstieg zum Untertor und zu den Gassen unterhalb von Kirche und Burgruine.

***Hausbootverleih Le Boat** in Douelle, Tel. +49 (0)6101 5 57 91 75, www.leboat.de*

2 MONTAUBAN

Die im 12. Jh. gegründete Stadt (61 000 Einw.) am Tarn gehört zu den Villes roses und ist eine Bastide. Mehr okzitanische Gene gehen kaum.

SEHENSWERT

Keim der **Altstadt** ist die **Place Nationale** mit eleganten roten Arkadenhäusern des 17. Jh. Jünger ist die in hellem Bruchstein gebaute spätbarocke **Cathédrale Notre-Dame,** Wahrzeichen der Rekatholisierung. Im früheren Bischofspalast von 1664 ist das Kunst-**Musée Ingres Bourdelle** beheimatet (https://museeingresbourdelle.com; Di.–So. 10.00–19.00, Do. 10.00–21.00 Uhr). Der monumentale **Pont-Vieux** widersteht seit 1335 den Hochwassern des Tarn.

UMGEBUNG

Cahors (33 km nördl.; www.cahorsvalleedulot.com) Wahrzeichen ist der Pont Valentré (14. Jh.). Mittelalterlicher Charme entfaltet sich um die Cathédrale St-Étienne (Urspr. 11. Jh.). Die engen Gassen, romanische und gotische Bürgerhäuser eignen sich für jedes Mantel- und Degenepos. Cahors ist zudem eine Stadt des Weins: Die Tropfen sind erdig und robust (www.vindeca hors.fr).

INFORMATION

Office de Tourisme, 4, Rue du Collège, F-82000 Montauban, Tel. 05 63 63 60 60, www.montauban-tourisme.com

3 CORDES-SUR-CIEL

Die 1222 auf einer Anhöhe gegründete Bastide (1000 Einw.) ist ein Besuchermagnet. Denn makelloser, prachtvoller ist keine andere.

SEHENSWERT

Vom mittelalterlichen Wohlstand künden die **Porte de la Jane** und **Porte des Ormeaux,** die auf steinernen Pfeilern ruhende **Markthalle** (14. Jh.), die Prachtfenster der gotischen **Maison du Grand Veneur** (14. Jh.), der Schmuckfries an der **Maison du Grand Écuyer** oder der überbordende Fassadenschmuck der **Maison du Grand Fauconnier** (14. Jh.), alle in der Grand Rue. Von der **Bride,** der Terrasse der Oberstadt, ist das Panorama herrlich. Auf den Terrassen der Unterstadt wurde 1998 der **Jardin du Paradis** angelegt, ein Garten mit exotischer Vegetation (Place du Théron, www.jardindesparadis.jimdo.com; wechselnde Öffnungszeiten).
Das **Musée Charles Portal** widmet sich der Ortsgeschichte (1, Rue St-Michel; Juni–Aug. Mi.–Mo. 14.30–18.30, sonst Fr.–So. 14.30–18.00 Uhr, im Winter geschl.). Hochkarätiges von Klee, Picasso, Miró zeigt das **Musée d'Art Moderne** (37, Grand-Rue Raimond VII; Mitte März–Mitte Nov. Mi.–Mo. 10.30–12.30 und 14.00–18.00 Uhr).

AKTIVITÄTEN

Die **Gorges de l'Aveyron** (11 km nördl.) sind ein Wanderparadies. Der mit rot-weißen Doppelbalken markierte GR 36 folgt dem verschlungenen Lauf der Aveyron-Schlucht.

HOTEL

Im 13. Jh. war die **€€/€ Hostellerie du Vieux Cordes** Kloster (21, Rue St-Michel, F-81170 Cordes-sur-Ciel, Tel. 05 63 53 79 20, www.hotelcordes.fr).

INFORMATION

Office de Tourisme, 38, Grand-Rue Raimond VII, F-81170 Cordes-sur-Ciel, Tel. 08 05 40 08 28, www.la-toscane-occi tane.com/villes-villages/cordes-sur-ciel

4 GAILLAC

Mit der Gründung einer Benediktinerabtei schlug im 10. Jh. die Geburtsstunde der Ville-Vignoble, der Weinberg-Stadt, als die Gaillac (14 000 Einw.) zu Wohlstand gelangte. Und als die sie sich mit einem Weinfest im Aug. und einem Tag der offenen Keller im Nov. feiert.

SEHENSWERT

Wahrzeichen ist die im Kern romanische, dann gotisch vollendete und im 18. Jh. wiederaufgebaute **Abteikirche St-Michel** (tgl. 10.00–18.00 Uhr). Das **Musée de l'Abbaye** präsentiert in den Gewölbekellern des ehemaligen Klosters Stadtgeschichtliches (April–Sept. tgl. 10.00–12.00 und 14.00–18.00 Uhr, sonst kürzer). Charmantester Platz der Stadt ist die teils von Arkadenhäusern gesäumte **Place du Griffoul.** Der barocke **Parc de Foucaud** gehört zum gleichnamigen Château (17. Jh.) und fällt in Terrassen zum Tarn ab (Sommer 8.00–21.00 Uhr).

HOTEL UND RESTAURANT

Wehrburg-Charme versprüht das **€€ Château de Mayragues** – zugleich Bio-Weingut (F-81140, Castelnau-de-Montmirail, Tel. 05 63 33 94 08, www.chateau-de-mayragues.com).
Im **€€/€ La Vigne en Foule** reichen die Flaschenregale bis an die Decke (80, Place de la Libération, Tel. 05 63 41 79 08, www.vigneenfoule.fr).

INFORMATION

Office de Tourisme, Place St-Michel, F-81600 Gaillac, Tel. 08 05 40 08 28, www.la-toscane-occitane.com

5 ALBI

Albi la Rouge, das rote Albi (51 000 Einw.), erhebt seine stolze Schauseite über dem Tarn. Das rote Backsteingebirge der Bischofsstadt gehört zum Welterbe der UNESCO.

SEHENSWERT

Die wehrhafte **Cathédrale Ste-Cécile** gilt als Meisterwerk der südfranzösischen Gotik (13. und 14. Jh.); zur reichen Innenausstattung zählt u. a. ein gewaltiges Fresko zum Jüngsten Gericht aus dem 15. Jh. (www.cathedrale-albi.com; tgl. 9.00 bis 18.30 Uhr). Der **Pont Vieux** überquert seit 1035 den Tarn. Zur gotischen **Stiftskirche**

Montauban: Ab 1335 war der heutige Pont Vieux die meist genutzte Flussquerung des Tarn

Dem Himmel entgegen: Cordes-sur-Ciel hoch über seinem Umland

St-Salvi gehört ein romanisches Kloster (Zugang über Rue Ste-Cécile, Kloster Mitte April–Sept. tgl. 7.00–20.00, sonst 8.00–18.00, Kirche Juni bis Sept. Mo.–Mi. 8.30–18.00, Do.–Sa. 10.00–18.00, So. 14.00–18.00 Uhr). Die schönsten **Fachwerkhäuser** stehen in der Rue des Prêtres, Rue de la Grande-Côte und an der Place Savène.
Das **Musée Toulouse-Lautrec** im Bischofspalast **Palais de la Berbie** (13. Jh.) präsentiert an die 1000 Originale des impressionistischen Malers und Grafikers Henri de Toulouse-Lautrec (1864 bis 1901; Mitte Juni–Sept. tgl. 10.00–18.00, April bis Mitte Juni 10.00–12.00 und 14.00–18.00, Okt. bis März Mi.–Mo. 10.00–12.00 und 14.00–17.30 Uhr).

HOTEL

Die gediegene €€€/€€ **Hostellerie du Grand St-Antoine** ist seit Generationen in Familienbesitz (17, Rue St-Antoine, F-81000 Albi, Tel. 05 63 54 04 04, https://hotel-saint-antoine-albi.com).
Das € **Grand Café Pontié** ist seit 1882 das Café von Albi (Place du Vigan, Tel. 05 63 54 16 34; mit Brasserieküche).

EINKAUFEN

Beim **Chocolatier Michel Belin** gibt es Schokoladen und Pralinen mit Lakritz-, Havannazigarren- und Ingweraroma (4, Rue du Docteur-Camboulives).

ERLEBEN

Gabare nennen sich die traditionellen **Holzkähne auf dem Tarn,** die heute Ausflügler herumschippern (Albi Croisières, Les Berges du Tarn, www.albi-croisières.com).

INFORMATION

Office de Tourisme, 42, Rue Mariès,
Tel. 05 63 36 36 00, F-81000 Albi,
www.albi-tourisme.fr

FÜR FOODIES & FEINSCHMECKER

Vier Jahre war der „Bauch von Toulouse“ auf Diät gesetzt, konnten die Stände, die offiziell „Loges“ heißen, nur eingeschränkt öffnen. Dann feierte der Marché Victor-Hugo nach umfangreicher Sanierung seine Neueröffnung.

Schick ist das neue Interieur der Halle. Chrom, Edelstahl, Designleuchten signalisieren, dass bei aller Tradition die Zeichen der Zeit erkannt wurden. Was auch für das Angebot gilt. An gefühlt jedem zweiten Stand werden Tapas, Tortillas, Austern und ein Glas Wein im Stehen gereicht, und das meiste ist bio. Was nicht nur Michel Sarran freut, der den Markt als „Feinkosthandlung des französischen Südwestens“ rühmt. Der führende Koch von Toulouse, einen Michelin-Stern und Dreitagebart, ist Stammkunde.

Der Marché Victor-Hugo ist einer der besten Lebensmittelmärkte Frankreichs

Andere Köche lassen sich vom Markt beliefern, beispielsweise mit Käse von der „Fromagerie Betty“. Seniorchefin Betty ist hier seit 1963 vertreten, unterstützt von Schwiegertochter und Önologin Anne Murcia, die nicht nur über den Reifegrad von 250 Käsesorten wacht, sondern auch alle vier, in einem abgelegenen Pyrenäental verbliebenen Hersteller der Tomme de Sost persönlich kennt. Soviel Expertise ist hier keine Seltenheit. Am Stand der „Maison Garcia“ stammen die über der Theke baumelnden Bellota-Schinken von den garantiert glücklichen, weil frei in der Natur laufenden andalusischen Schweinen. Glückliches Toulouse!

Information: Marché Victor-Hugo, Place Victor-Hugo, www.marche-victor-hugo.fr; Di.–So. 7.00–14.00 Uhr
Gut besuchte Restaurants im 1. Stock nur mittags (Tipp „Le Magret“ oder „L´Impériale“)

Veranstaltungen: Mehrmals im Jahr finden Nocturnes statt, zu der die Winzer des Midi Toulousain Pop-Up-Vinotheken eröffnen und stadtbekannte Köche regionales Streetfood servieren.

HILFREICH & NÜTZLICH

Praktische Informationen für die Reise und einiges Wissenswerte über den Süden Frankreichs haben wir hier für Sie zusammengestellt.

Hausboot und Wohnmobil gehören zu den beliebtesten Urlaubsformen im Midi

ANREISE

Auto: Von Paris führen die Autobahnen A 6, A 7 und A 9 in den Süden, alternativ die A 10, A 71 und A 20 bzw. A 75. Reisende aus Süddeutschland, der Schweiz und Österreich nehmen A 36, A 39 und A 42 zur A 7. Über aktuelle Lagen auf Autobahnen informiert die staatliche Webseite Bison Futé (www.bison-fute.gouv.fr; auch auf Englisch und Spanisch). **Autobahn-Maut** (Péage) ist bar oder per Kreditkarte zahlbar (www.autoroutes.fr). Die **Alkoholgrenze** beträgt 0,5 Promille; prinzipiell muss ein Alkoholtestset mitgeführt werden (bei Unterlassung jedoch keine Strafe). **Blitzer-Infos** auf www.radars-auto.com. **Pannenhilfe** auf Autobahnen über Notrufsäulen, sonst über den Notruf, Tel. 112 (auch vom Handy). Deutschsprachiger Notdienst des ADAC, Tel. +49 89 22 22 22. **Parkverbot** gilt generell vor Postämtern, Polizeistationen, Schulen, Kindergärten, Krankenhäusern sowie an gelb markierten Bordsteinen. Das Schild „Toutes directions" (alle Richtungen) weist in Ortschaften die Streckenführung für Durchreisende aus.

Übertretungen der Verkehrsregeln werden mit hohen **Bußgeldern** geahndet, die an Ort und Stelle zu entrichten sind.

Bahn: Der **ICE** fährt von Frankfurt/Main via Mannheim und Karlsruhe nach Marseille (knapp 8 Std.; www.bahn.de). Ansonsten führt der Weg über Paris: **Eurostar** von Dortmund via Essen, Düsseldorf, Köln, Aachen, Brüssel nach Paris-Nord (www.eurostar.com), **ICE** ab Frankfurt/Main via Mannheim, Kaiserslautern, Saarbrücken, Köln (www.bahn.de) oder **TGV** von München über Augsburg, Stuttgart, Karlsruhe (www.sncf-connect.com). In Paris muss der Bahnhof gewechselt werden – die Züge in den Süden fahren von der Gare de Lyon. Dank **TGV** ist Montpellier auf 3 Std. 20 Min., Toulouse auf 4 Std. 15 Min. an Paris herangerückt. Weitere TGV-Bahnhöfe sind Nîmes, Béziers, Narbonne, Perpignan, Carcassonne, Agde, Sète. An vielen Bahnhöfen verleiht die SNCF **Fahrräder** oder arbeitet mit Radverleihern zusammen (www.sncf-voyageurs.com/fr/voyagez-avec-nous/train-et-velo/location-de-velo).

Bus: Mit Flixbus geht es von mehreren deutschen Städten nach Paris und weiter nach Perpignan, Toulouse, Carcassonne, Montpellier, Montauban usw. (www.flixbus.com). Blababus heißt die französische Alternative mit Verbindungen ab Paris und in der Region (www.blablacar.de/bus/companies/blablabus).

Flugzeug: Zielflughäfen sind Montpellier und Toulouse. Air France fliegt von einem Dutzend deutscher Städte via Paris oder Lyon (www.airfrance.de), Lufthansa ab München nach Toulouse (www.lufthansa.com). Billigflieger im Internet auf www.billig-flieger-vergleich.de.

Reisen in Okzitanien: Für Nahverbindungen (Transports Express Régionaux, TER) gibt es in den Bahnhöfen Gratishefte (gratis aus dem französischen Festnetz Tel. 0800 31 31 31, www.ter.sncf.com/occitanie). Einen Busbahnhof (Gare routière) findet man in allen größeren Orten; von Stadt zu Stadt ist die Verbindung gut (www.lio-occitanie.fr).

Einreise: Für EU-Bürger und Schweizer reichen Personalausweis oder Identitätskarte. Kinder benötigen ein eigenes Reisedokument. Bei einem Aufenthalt über drei Monate benötigen auch EU-Bürger eine Aufenthaltsgenehmigung.

AUSKUNFT

Überregional: Französische Zentrale für Tourismus – Atout France. Deutschland Postfach 100 128, 60001 Frankfurt/Main, info.de@atout-france.fr, www.france.fr. Österreich Tel. 01 50 32 8 92, info.at@france.fr, www.france.fr. Schweiz www.france.fr.

Regional: Comité Régional de Tourisme Occitanie, Büro Toulouse, 15, Rue Rivals, F-31685 Toulouse Cedex 6, information@crtoccitanie.fr; Büro Montpellier, 64, Rue Alcyone, F-34000 Montpellier, Tel. 04 30 63 84 20, www.visit-occitanie.com/de.

In den Départements: Ardèche: Agence de Développement Touristique de l'Ardèche, 6, Route des Mines, F-07000 Privas, Tel. 04 75 64 04 66, www.ardeche-guide.com. Aude: Agence de Développement Touristique de l'Aude, Allée Raymond Courrière, F-11855 Carcassonne Cedex 9, Tel. 04 68 11 66 00, www.audetourisme.com. Gard: Gard Tourisme, 13, rue Raymond Marc, F-30010 Nîmes Cedex 4, Tel. 04 66 36 96 30, www.tourisme gard.com. Hérault: Agence de Développement Touristique de l'Hérault, Avenue des Moulins, F-34184 Montpellier Cedex 4, Tel. 04 67 67 71 71, www.herault-tourisme.com. Lozère: Comité Départemental du Tourisme de la Lozère, Rue du Gévaudan, F-48000 Mende, Tel. 04 66 65 60 00, www.lozere-tourisme.com. Pyrénées-Orientales (Roussillon): Agence de Développement Touristique des Pyrénées-Orientales, 2, Boulevard des Pyrénées, F-66005 Perpignan Cedex, Tel. 04 68 51 52 53, www.tourisme-pyreneesorientales.com. Tarn: Comité Départemental du Tourisme Tarn, 10, Rue des Grenadies, F-81000 Albi, Tel. 05 63 77 32 10, www.tourisme-tarn.com. Aveyron: Agence de Développement Touristique de l'Aveyron, Rue Louis-Blanc, F-12008 Rodez, Tel. 05 65 75 40 12, www.tourisme-aveyron.com. Lot: Lot Tourisme, Rue Pierre Mendes-France, F-46001 Cahors, www.tourisme-lot.com. Haute-Garonne: Comité Départemental de Tourisme, 14, Rue Bayard, F-31015 Toulouse Cedex, Tel. 05 61 99 44 00, www.hautegaronnetourisme.com. Tarn-et-Garonne: Agence de Développement Touristique de Tarn-et-Garonne, 100, Boulevard Hubert-Gouze, Tel. 05 63 21 79 65, F-82005 Montauban Cedex, www.tourisme-tarnetgaronne.fr.

GESUNDHEIT

Apotheken (Pharmacies) sind am grün blinkenden Neonkreuz zu erkennen. Viele Medikamente sind in Frankreich rezeptfrei. **Ärzte** sind sofort zu bezahlen, die Krankenkassen erstatten gegen Vorlage der Rechnung nach den im Heimatland gültigen Sätzen. Über die Europäische Krankenversicherungskarte (EHIC) rechnen nur **Krankenhäuser** ab. Eine **Reisekrankenversicherung** sichert eventuell nicht gedeckte Kosten ab.

Auf dem Viaduc de Millau überquert die Autoroute A 75 den Tarn

KÜCHE

Das Zauberwort lautet **Cuisine du terroir** – gekocht wird, was die Gegend hervorbringt und den Fischern ins Netz geht.
Aligot, ein Kartoffelpüree, unter das frischer Rahm oder eine junge Tomme (Kuhkäse), ausgelassener Speck, Butter und Knoblauch gemischt werden, ist das kulinarische Aushängeschild in der Lozère und im Aveyron. Die trockene Gebirgsluft der Cevennen ist ideal für die Schinkenherstellung: Ein **Jambon des Cévennes** ist mild und würzig zugleich, die Charcuterie (Wurstwaren) stammt oft auch vom Wildschwein. Die Cevennen und angrenzenden Causses sind Heimat des Blauschimmel-Schafskäses **Roquefort,** des Blauschimmel-Kuhkäses Bleu de Causses, der würzigen Tomme (fester Kuhkäse) und des cremigen Ziegenkäses Pélardon.
In die **Gardiane,** den Rindertopf der Camargue, kommt neben Karotten, Fenchel, Zitronenschalen, Sardellen und Pastis nur Fleisch von echten Camargue-Stieren. Die **Bourride** aus Sète gilt dank der Verwendung von Seewolf als feiner als die Bouillabaisse der Côte d'Azur. **Seiches farcies** oder **Moules farcies** (mit Gemüse und Fleischhack gefüllte Tintenfische oder Muscheln) und **Rouille de Seiche** (Tintenfisch in Knoblauchmayonnaise mit Chili) sind weitere Spezialitäten der Languedoc-Küste. Aus Nîmes

Spezialität des Südens: Blauschimmelkäse

stammt die **Brandade de morue:** Der zerstoßene Stockfisch vom Kabeljau wird mit Olivenöl und Garrigue- Kräutern verrührt.
Im Roussillon liegt der katalanische Einfluss auf der Zunge. **Anchois** (Sardellen) aus Collioure reifen drei Monate im Salz und passen zu gegrilltem, mit Knoblauch eingeriebenem Brot. Das gilt auch für die **Anchoïade** (Creme aus verrührten Anchovis, Olivenöl, Knoblauch). In das katalanische Fischragout **Zarzuela** gehören Meeresfrüchte. Gambas, Thunfisch, Dorade werden **à la Planxa/Plancha,** vom Grill, serviert. Typisch katalanisch ist die Kombination von Süßem und Herzhaftem, etwa Hase mit dunkler Schokolade oder Schweinebraten mit Kirschen.
Im Midi Toulousain, dem Herz Okzitaniens, stehen **Ente und Gans** auf der Karte, ob im eigenen Fett eingelegt (Confit), als Stopfleber (Foie gras) oder als geräucherter Brustschinken (Magret fumé). **Cassoulet,** ein deftiger Eintopf mit weißen Bohnen, Confit de Canard, Würsten, Schweinefleisch, gibt es in verschiedenen Varianten – eine grobe Saucisse de Toulouse gehört immer dazu. **Steinpilze** im Herbst, **Trüffel** im Winter sind saisonale Leckerbissen.

NOTRUF

Polizei: Tel. 17
Feuerwehr: Tel. 18
Krankenwagen und Notarzt (SAMU): Tel. 15
Handynotruf: Tel. 112
Sperr-Telefonnummer für EC- und Kreditkarten: Tel. +49 116 116

ÖFFNUNGSZEITEN

Kernöffnungszeiten sind 9.00–12.00 und 14.00 bis 19.00 Uhr. Im Sommer ist abends länger geöffnet, im Winter wird früher geschlossen. Supermärkte in Städten haben über Mittag geöffnet, ihre großen Filialen vor den Stadttoren an einigen Abenden bis 21.00/22.00 Uhr. Samstagnachmittags bleiben alle Geschäfte offen, sonntagvormittags wird in vielen Städten Markt gehalten, und viele Lebensmittelläden haben dann ebenfalls auf, Bäckereien immer. Der Montag ist in kleinen Orten oft **Ruhetag.**

GESCHICHTE

Um 450 000 v. Chr.: Der Tautavel-Mensch lebt als Jäger in den Tälern der Corbières.
Ab 700 v. Chr.: Kelten fallen in die Region ein. Erste befestigte Siedlungen (Oppida).
Um 600 v. Chr.: Griechen aus Marseille gründen Agde.
59–52 v. Chr.: Die Römer unter Cäsar unterwerfen ganz Gallien. Die Provinz erhält den Namen Gallia Narbonensis. Hauptstadt wird Narbo (Narbonne).
5. Jh.: Westgoten verwüsten die römische Provinz und gründen ein Reich mit Toulouse als Hauptstadt. Nach dem Vordringen der Franken bleibt ihnen das Septimania genannte Gebiet aus Roussillon und Küstenebene.
719: Nach der Eroberung Spaniens nehmen Araber Narbonne ein.
759: Franken erobern Narbonne und gliedern die Septimania in ihr Reich ein.
778: Die Karolinger bauen Katalonien als Schutzschild gegen die arabische Welt aus.
803: Der Markgraf von Toulouse dringt bis Barcelona vor – Beginn der Herrschaft der Grafen von Toulouse über Okzitanien.
11.–13. Jh.: Katalonien bildet sich als Territorium beiderseits der Pyrenäen heraus. 1137 erhalten die Grafen von Barcelona durch Heirat die Krone des Königreichs Aragon. 1172 wird das Roussillon der Grafschaft Barcelona einverleibt.
12. Jh.: Der okzitanische Adel lehnt sich gegen den Papst auf und unterstützt die Katharer.
1209: Papst Innozenz III. ruft den Katharerkreuzzug aus.
255: Mit Quéribus fällt nach zwei weiteren Kreuzzügen die letzte Katharerfestung. Nach Entmachtung des okzitanischen Adels annektiert Frankreich das Gebiet mit Ausnahme des Roussillon.
13. Jh.: Mit der Gründung von Bastiden versucht die französische Krone Okzitanien neu zu bevölkern.
1272–1344: Perpignan wird Hauptstadt des neuen Königreichs Mallorca, zu dem auch das Roussillon gehört.
1348: Die Schwarze Pest bricht aus. Bis ins 15. Jh. fällt ihr fast die Hälfte der Bevölkerung zum Opfer.
1349: Philippe von Valois, König von Frankreich, kauft dem König von Mallorca Montpellier ab.
16. Jh.: Die Reformation erreicht 1532 den Midi. Das östliche Languedoc wird weitgehend calvinistisch. 1598 garantiert das Edikt von Nantes Protestanten Glaubensfreiheit.
1539: Der französische König Franz I. führt Französisch als alleinige Amtssprache ein.
1659: Das Roussillon fällt an Frankreich.
1666: Beginn der Arbeiten für den Canal du Midi, der 1681 fertiggestellt wird.
1685–1704: Nach der Aufhebung des Edikts von Nantes kommt es zu Protestantenverfolgungen.
1789: Die Französische Revolution erschüttert das Land. Okzitanien wird in Départements aufgeteilt.
1872–1890: Die Reblausplage vernichtet große Teile der Weinberge.
1882: Frankreich führt die allgemeine Schulpflicht ein. Französisch wird Amtssprache, Okzitanisch ist untersagt.
1907: Billigimporte aus den französischen Nordafrikakolonien schüren den Winzeraufstand gegen die Regierung. Der Protest wird militärisch niedergeschlagen.
1936–1944: Die Pyrenäenpässe werden zum Fluchtweg spanischer Franco-Gegner. 1942 wird die Region von der deutschen Wehrmacht okkupiert (bis August 1944).
1951: Okzitanisch und Katalanisch werden Unterrichtssprachen.
1964–1972: Montpellier wird Hauptstadt der Verwaltungsregion Languedoc-Roussillon, Toulouse die der Verwaltungsregion Midi-Pyrénées.
1969: In La Grande-Motte erfolgt der Startschuss für die touristische Erschließung der Languedoc-Küste.
1971–1981: Widerstand gegen die Erweiterung des Militärcamps auf dem Larzac. Er fördert ein neues Occitània-Bewusstsein.
1985–2011: Der Pont du Gard wird Welterbestätte der UNESCO. 1996 folgt der Canal du Midi, 1997 Carcassonne, 2010 Albi. 2011 geht der Titel an die Causses und Cévennes.
2016: Aus Languedoc-Roussillon und Midi-Pyrénées entsteht die Großregion Occitanie.
2020: Louis Aliot, ehem. Lebensgefährte von Marine Le Pen, wird zum Bürgermeister Perpignans gewählt, erster des rechten Rassemblement National in einer französischen Stadt über 100 000 Einw.
2021: Die Schriftstellerin Birgit Vanderbeke stirbt in ihrem Haus bei Uzès.
2023: Eine Dürre hat Okzitanien und besonders die Corbières fest im Griff. In Barjac ist das Ateliergelände von Anselm Kiefer erstmals zugänglich.

Staatliche **Museen** sind in der Regel Di., städtische und private Einrichtungen Mo. geschlossen, im Juli/Aug. hingegen oft durchgängig geöffnet.

RESTAURANTS

Für den Hunger zwischendurch gibt es im **Café** oder in der **Bar** Sandwich, Pizza, Salat. Für Petits Fours und Kuchen geht man in einen **Salon de Thé.** Mittags werden im **Restaurant** ab 12.00/12.30, abends ab etwa 19.30 Uhr erste Bestellungen aufgenommen. Weniger streng an Mittags- und Abendzeiten halten sich **Brasserien:** Das Konzept heißt „durchgehend warme Küche". Das **Bistro** hat einen Bedeutungswandel durchlaufen – einige schmücken sich sogar mit einem Michelin-Stern.

Beispiel für familiär-freundliches französisches B & B: Chambre d'hôtes „Demeure St-Vincent" in Estagel nordwestlich von Perpignan

Auch feinere Adressen locken unter der Woche mittags mit einer Formule (Vorspeise plus Hauptgang oder Hauptgang plus Dessert, eventuell mit Getränk, zwischen 15 und 20 €) oder einem günstigen Menü. Abends sind die Preise höher. Um die 25–30 € sollte man für ein Menü immer kalkulieren. In Spitzenrestaurants wird es deutlich teurer.
Eine kleine Restaurant-Auswahl finden Sie auf den Infoseiten der jeweiligen Kapitel.

PREISKATEGORIEN

€€€€	Hauptgericht	über 45 €
€€€	Hauptgericht	30–45 €
€€	Hauptgericht	15–30 €
€	Hauptgericht	unter 15 €

UNTERKUNFT

Camping: Die Bandbreite reicht vom luxuriösen Platz mit Pool und Tennisplatz bis zum Zelten auf dem Bauernhof (Camping à la Ferme). Von Camping France werden in Okzitanien 1572 Plätze vorgestellt (www.campingfrance.com).
Ferienhäuser: Der Standard reicht vom Nebenhaus eines Bauernhofs mit spartanischem Bad bis zur schicken Villa mit Seeblick. Neben Gîtes de France vermittelt Clévacances (www.clevacances.com) Ferienwohnungen und -häuser, die je nach Komfort mit ein bis fünf Schlüsseln klassifiziert und direkt buchbar sind.
Jugendherbergen: Eine Auberge de jeunesse gibt es u.a. in Nîmes, Montpellier, Cahors, Carcassonne, Perpignan, Quillan, Rodez. Für die Übernachtung ist ein internationaler Jugendherbergsausweis erforderlich. Verzeichnis französischer Herbergen auf www.auberges-de-jeunesse.com und www.hifrance.org.
Hotels: Als Faustregel gilt, je näher das Hotel am Meer steht, desto mehr kostet es. **Übernachtungspreise** sind zudem saisonabhängig. Im Juli/Aug. ist es am teuersten. Frühling und Herbst sind deutlich günstiger, der Winter ist oft nur halb so teuer wie der Sommer. Allerdings haben viele Betriebe im Winter geschlossen.

PREISKATEGORIEN

€€€€	Doppelzimmer	über 220 €
€€€	Doppelzimmer	150–220 €
€€	Doppelzimmer	80–150 €
€	Doppelzimmer	unter 80 €

Hotels werden nach 1–5 Sternen kategorisiert. Oft gilt der Preis für das Zimmer: Singles zahlen ebenso viel wie Paare. Das **Frühstück** (Petit Déjeuner) ist im Zimmerpreis in der Regel nicht inbegriffen. Wer morgens ohnehin nur Kaffee oder Tee plus Croissant möchte, bekommt das Ganze günstiger in der nächsten Bar.
Über 600 sehr persönlich geführte „Hoteliers-Hotels", vom Boutique- bis zum familienfreundlichen Landhotel, zumeist zu bezahlbaren Preisen, bietet die Vereinigung The Originals – Human Hotels & Resorts (www.theoriginalshotels.com). Logis Hôtels vereint Familienbetriebe mit soliden Preisen (www.logishotels.com).
Auf dem Vormarsch sind **Low-Cost-Ketten** wie B & B Hotels (www.hotel-bb.com), Ibis Budget (https://ibis.accor.com/discovering/ibis-budget-hotel/index.de.shtml) und Campanile Hotels (www.campanile.com).
Die Preislagen in **Schlosshotels und Herrenhäusern** variieren von der eines Zweisterne-Hotels bis zum Luxusniveau. Es gibt mehrere Vereinigungen: Bienvenue au Château bietet Gästezimmer in privat bewohnten Schlössern (www.bienvenueauchateau.com), Relais et Châteaux bedeutet Luxus in perfekt sanierten Gemäuern, www.relaischateaux.com/fr/destinations/europe/france/occitanie.

BEIM WINZER WOHNEN

__Tourisme de terroir__ ist in den Corbières und im Fitou im Trend, die Übernachtungsmöglichkeit beim Winzer ein wichtiger Baustein davon. Immer mehr Winzer machen mit! Auf der Domaine Ste-Marie-des-Ollieux in Monséret bietet Winzerin Sylvie Cambon Gästezimmer und Ferienwohnungen. Von den Gästezimmern des Château La Sabine in St-Laurent-de-la-Cabrisse schaut man in die Reben, klar doch. Zur Domaine Grand Guilhelm am Ortsrand von Cascastel gehören 12 ha Weinberge, einige Chambres d'hôtes, eine Ferienwohnung und ein Ferienhaus. Und nur das Läuten der Kirchenglocke und das Vogelgezwitscher aus dem Garten unterbrechen die Stille.

***Domaine Ste-Marie-des-Ollieux,** F-11200 Monséret, westl. von Narbonne, Tel. 06 26 84 22 34, www.ste-marie-des-ollieux.com*
***Château La Sabine,** F-11220 St-Laurent-de-la-Cabrerisse, südw. von Narbonne, Tel. 04 68 44 09 64, www.lasabine.com*
***Domaine Grand Guilhelm,** 1, Chemin du Col de la Serre, F-11360 Cascastel des Corbières, südw. von Narbonne, Tel. 04 68 45 86 67, www.grandguilhem.com*

Chambres d'hôtes sind die französische Variante von Bed & Breakfast. Oft kann man nur bar zahlen. Nach Ausstattung mit ein bis zu vier Ähren klassifiziert sind die Chambres d'hôtes der Vereinigung Gîtes de France (www.gites-de-france.com). Bei Fleurs de Soleil sind die Häuser in der Regel eine Kategorie gehobener (www.fleurs-desoleil.fr).
Eine kleine Auswahl empfehlenswerter Adressen finden Sie auf den Infoseiten.

Nordwestlich von Rodez: Hotel und Restaurant „L'Annexe d'Aubrac" in St-Chély-d'Aubrac

REGISTER

Fette Ziffern verweisen auf Abbildungen

IMPRESSUM

2. Auflage 2024

Verlag: DuMont Reiseverlag, Postfach 3151, 73751 Ostfildern, Tel. 0711 45 02 0, Fax 0711 45 02 135, www.dumontreise.de
Geschäftsführer(in): Dr. Stephanie Mair-Huydts, Markus Schneider
Programmleitung: Andrea Wurth
Redaktion: Achim Bourmer
Text: Klaus Simon, Köln
Exklusiv-Fotografie: Markus Kirchgessner (fotografiert mit Panasonic Lumix S1R)
Titelbild: Huber Images/Reinhard Schmid
Zusätzliches Bildmaterial: Le Boat/Bertel Kolthoff (S. 114 oben), Michael Riehle/laif (S. 91 unten), Klaus Simon (S. 120 links)
Grafische Konzeption und Layout: CYCLUS · Visuelle Kommunikation, Stuttgart
Kartografie: © MAIRDUMONT GmbH & Co. KG, Ostfildern
Illustration: Grazyna Ostrowska-Henschel (S. 6, 20, 32 und 96)
DuMont Bildarchiv: Marco-Polo-Straße 1, 73760 Ostfildern, bildarchiv@mairdumont.com

Für die Richtigkeit der in diesem DuMont Bildatlas angegebenen Daten – Adressen, Öffnungszeiten, Telefonnummern usw. – kann der Verlag keine Garantie übernehmen. Nachdruck, auch auszugsweise, nur mit vorheriger Genehmigung des Verlages. Erscheinungsweise: vierteljährlich.

Anzeigenvermarktung: MAIRDUMONT MEDIA, Tel. 0711 45 02 0, Fax 0711 45 02 10 12, media@mairdumont.com, http://media.mairdumont.com
Vertrieb Zeitschriftenhandel: PARTNER Medienservices GmbH, Postfach 810420, 70521 Stuttgart, Tel. 0711 72 52 212, Fax 0711 72 52 320
Vertrieb Abonnement: Leserservice DuMont Bildatlas, Zenit Pressevertrieb GmbH, Postfach 810640, 70523 Stuttgart, Tel. 0711 82651-265, Fax 0711 82651-333, dumontreise@zenit-presse.de
Vertrieb Buchhandel und Einzelhefte: MAIRDUMONT GmbH & Co KG, Marco-Polo-Straße 1, 73760 Ostfildern, Tel. 0711 45 02 0, Fax 0711 45 02 340
Reproduktionen: PPP Pre Print Partner GmbH & Co. KG, Köln

Printed in Germany

Urlaub erinnern …

Ein Stück Okzitanien mit nach Hause zu nehmen, verlängert die Reisefreude. Die Auswahl ist groß, der Kofferraum immer zu klein. Was für mich trotzdem nicht fehlen darf, verrate ich gern.

PERLMUTT IM PORTEMONNAIE

Œil de Sainte Lucie, Auge der heiligen Lucia, wird das korallenfarbige Stück Perlmutt in Form eines Auges genannt, das als Glücksbringer in meinem Portemonnaie gelandet ist. Es gehört zu einer Seeschneckenart, die damit ihre Schale verdeckelt. Und gilt im Süden Frankreichs als Glückszeichen. Man findet es am Strand – meins stammt aus Collioure. Und der Name? Geht auf die mildtätige Christin Lucia zurück, die 304 n. Chr. auf Sizilien den Märtyrertod starb – nicht ohne sich vorher selbst die Augen auszureißen.

AUFBRUCHS-STIMMUNG

Montpellier bouge – Montpellier bewegt sich. Bei jedem Besuch hat die Stadt sich weiterentwickelt. In die Höhe mit so gewagten und zugleich verspielten Bauten wie dem „Arbre Blanc“ des Japaners Sou Fujimoto. Und ans Meer, wie auf dem Hipster Hotspot Marché du Lez. Soviel Aufbruch steckt an. Ich kehre jedes Mal beschwingt zurück.

WEITES LAND

Auf den Causses, den Hochebenen im nordöstlichen Okzitanien, scheint die Weite grenzenlos. Bis an den Horizont davonrollende Weiden auf dem Aubrac, eine Steinwüste, die an Arizona erinnert, auf dem Larzac, Geier über dem Causse Méjean. Und wieder daheim, bleibt die Sehnsucht nach der großen Weite.

BUNTE STREIFEN

Sie sind aus demselben festen Tuch wie die Espadrilles: Die 1897 im Pyrenäenvorgebirgsdorf St-Laurent-de-Cerdagne gegründete Weberei Les Toiles du Soleil (mit Flagship-Store in Perpignan) fabriziert unverwüstliche Tischwäsche, Markisen und Liegestuhlbezüge im traditionellen katalonischen Streifenmuster – die die Sonne des Roussillon auch auf meinem Tisch scheinen lassen.

KLEINE AUSTERNKUNDE

Der Étang de Thau ist das wichtigste Zuchtbecken für Austern und Muscheln im Languedoc. Bei einer Bootstour über die Lagune hat mir Austernzüchter Bertrand David den Grund erklärt: „Das Wasser ist sehr reich an Nährstoffen. Wir haben hier keine Gezeiten, die die Nahrungsaufnahme der Austern unterbrechen, daher das schnelle Wachstum.“ Wieder etwas gelernt!

TROUVAILLEN & TRÖDEL

Zum Stöbern nach Pézenas, wo sich ein Trödler und Antiquitätenhändler an den nächsten reiht. Was genau im Kofferraum landet, wird man sehen. Der letzte Fund war ein über hundert Jahre altes ovales Schild aus Bronze mit dem Schriftzug „Bureau", das jetzt an meiner Bürotür hängt.

»UNSER MIDI HAT EINEN KRÄFTIGEN SCHUSS SARAZENISCHEN, SPANISCHEN, ANDALUSISCHEN BLUTS.« Fernand Braudel, Historiker und Schriftsteller in „L'Identité de la France – Les Hommes et les Choses"

CASSOLE WIE CASSOULET

Eine Cassole aus der Töpferei Not in Mas-Saintes-Puelles steht in vermutlich jedem zweiten Haushalt zwischen Toulouse und Carcassonne. Und auch in meiner Küche. Denn nur aus dem trichterförmigen, innen lasierten Tontopf schmeckt ein Cassoulet so, wie es soll.

MANDELGEBÄCK

Caladons – ein Mandel-Honig-Gebäck – oder Croquants - ein Mandel-Zitronen-Gebäck? Das ist in der 1775 in Nîmes gegründeten Bäckerei Villaret die Frage. Ofenfrisch schmecken beide am besten. Aber auch tausend Kilometer weiter nördlich munden sie immer noch sehr gut.

DAS ROUSSILLON IM GLAS

„Georges" heißt die aus Carignan- und Grenache-, und mit einem kleinen Anteil von Syrah-Trauben gekelterte Cuvée vom Château Puig-Parahy in Passa. Der dunkelrote Wein mit den für die AOP Côtes du Roussillon typischen violetten Reflexen duftet nach Brombeere, rauchigem Holz, Rosmarin. Und verwöhnt auch meinen Gaumen mit Aromen von Lakritz und Kirsche.

FATA MORGANA AM STRAND

Westlich vom Badeort Palavas-les-Flots flieht der Strand Kilometer um Kilometer in Richtung Sète. Baden oder noch weitergehen? Weitergehen, und zwar genau vier Kilometer! Dann lugt der Turm der Cathédrale de Maguelone über den Dünenkamm. Es ist ein Bild von unwirklicher Schönheit. Eins, das im Kopf bleibt.

PRO
GRAMM

HAMBURG

Alles anders, alles neu?
Hamburg erfindet sich neu: Dank Elbphilharmonie und HafenCity strömen mehr Touristen in die Stadt als je zuvor.

Shoppingtipps
Wo kauft die Hanseatin, der Hanseat? Die besten Adressen ...

Sprung über die Elbe
Ausflugstipps fürs Alte Land, in die Lüneburger Heide, nach Bergedorf oder Ahrensburg.

COSTA RICA

Tierische Erlebnisse
Affen und Krokodile, Tukane und Leguane, grandiose Möglichkeiten zur Tierbeobachtung gibt es vielerorts.

Strandparadiese
Mehr als 1000 km Pazifik- und 200 km Karibikküste – da ist für jeden der ideale Strand dabei.

Land ohne Armee
Null Dollar fürs Militär. Kann das dauerhaft gut gehen?

www.dumontreise.de

LIEFERBARE AUSGABEN

DEUTSCHLAND
207 Allgäu
216 Altmühltal
220 Bayerischer Wald
180 Berlin
162 Bodensee
217 Brandenburg
175 Chiemgau, Berchtesg. Land
237 Dresden, Sächsische Schweiz
152 Eifel, Aachen
157 Elbe und Weser, Bremen
168 Franken
020 Frankfurt, Rhein-Main
112 Freiburg, Basel, Colmar
231 Hamburg
026 Hannover zw. Harz und Heide
042 Harz
023 Leipzig, Halle, Magdeburg
210 Lüneburger Heide
188 Mecklenburgische Seen
038 Mecklenburg-Vorpommern
033 Mosel
190 München
047 Münsterland
223 Nordseeküste Schleswig-Holstein
006 Oberbayern
161 Odenwald, Heidelberg
035 Osnabrücker Land
002 Ostfriesland
164 Ostseeküste Mecklenburg-Vorpommern
154 Ostseeküste Schleswig-Holstein
201 Pfalz
040 Rhein zw. Köln und Mainz
185 Rhön
186 Rügen, Usedom, Hiddensee
206 Ruhrgebiet
149 Saarland
182 Sachsen
159 Schwarzwald Norden
045 Schwarzwald Süden
018 Spreewald, Lausitz
008 Stuttgart, Schwäbische Alb
239 Sylt, Amrum, Föhr
204 Teutoburger Wald
170 Thüringen
037 Weserbergland

BENELUX
156 Amsterdam
011 Flandern, Brüssel
179 Niederlande

FRANKREICH
177 Bretagne
021 Côte d'Azur
032 Elsass
228 Frankreich Südwesten Okzitanien
240 Französische Atlantikküste
019 Korsika
213 Normandie
235 Paris
198 Provence

GROSSBRITANNIEN/IRLAND
187 Irland
202 London
189 Schottland
227 Südengland

ITALIEN/MALTA/KROATIEN
181 Apulien, Kalabrien
211 Gardasee
222 Golf von Neapel, Kampanien
163 Istrien, Kvarner Bucht
215 Italien, Norden
233 Kroatische Adria
167 Malta
155 Oberitalienische Seen
158 Piemont, Turin
014 Rom
165 Sardinien
003 Sizilien
203 Südtirol
039 Toskana
232 Venedig, Venetien

GRIECHENLAND/ZYPERN/TÜRKEI
034 Istanbul
016 Kreta
176 Türkische Südküste, Antalya
229 Zypern

MITTEL- UND OSTEUROPA
236 Baltikum
208 Danzig, Ostsee, Masuren
169 Krakau, Breslau, Polen Süden
044 Prag
193 St. Petersburg

ÖSTERREICH/SCHWEIZ
192 Kärnten
004 Salzburger Land
196 Schweiz
226 Tirol
197 Wien

SPANIEN/PORTUGAL
043 Algarve
214 Andalusien
150 Barcelona
025 Gran Canaria, Fuerteventura, Lanzarote
172 Kanarische Inseln
199 Lissabon
209 Madeira
174 Mallorca
225 Porto, Portugal Norden
241 Spanien Norden, Jakobsweg
219 Teneriffa, La Palma, La Gomera , El Hierro

SKANDINAVIEN/NORDEUROPA
166 Dänemark
212 Finnland
153 Hurtigruten
029 Island
200 Norwegen Norden
178 Norwegen Süden
151 Schweden Süden, Stockholm

LÄNDERÜBERGREIFENDE BÄNDE
224 Donau – Von der Quelle bis zur Mündung
112 Freiburg, Basel, Colmar
221 Kreuzfahrt auf der Ostsee

AUSSEREUROPÄISCHE ZIELE
183 Australien Osten, Sydney
109 Australien Süden, Westen
218 Bali, Lombok
195 Costa Rica
234 Dubai, Abu Dhabi, VAE
160 Florida
205 Iran
027 Israel, Palästina
242 Japan
230 Kalifornien
031 Kanada Osten
191 Kanada Westen
171 Kuba
238 Marokko
022 Namibia
194 Neuseeland
041 New York
184 Sri Lanka
048 Südafrika
012 Thailand
046 Vietnam